김영두 장편소설

벚꽃이 진다 해도

김영두 장편소설

벚꽃이 진다 해도

도서출판 순수

◆작가의 말

  나는 대학에서 물리학을 전공했는데, 애초의 꿈은 과학도가 아니었다. 대학 재학 시절에, 어느 날인가 햇빛과는 다른 뒷목덜미를 집요하게 찌르는 이성의 시선에 포박당하면서, 나는 물리학도들과 빛이 입자인가 파동인가를 논하게 되었고, 남녀의 원인모를 끌림, 연애현상을 과학 방정식을 차용하여 풀어보려 했었다. 물론, 나는 시도조차 하지 못했다. 내 조야한 과학 지식으로서는 어림없는 짓임을 일찍 깨달았기 때문이다.
  나는 문학에 매달리면서 이 난제를 내 문학의 몫일로 안고자 했다.

  쇼펜하우어는, 인간(철학자)은 자신을 연구함으로써 과학적 지식의 피상적 영역을 넘어설 수 있는데, 이는 자신 속에서 하나의 본체적 대상을 만나기 때문이라고 믿었다. 인간은 스스로 들여다볼 수 있는 자신의 존재를 가지고 있으며, 또 자기 자신은 다른 모든 존재의 궁극적 성질의 열쇠라고 했다. 한 걸음 더 나아가 그는 이 세계 안에 무수히 있는 다른 모든 것들은 우리들 각자가 발견하는 자기 자신과 근본적으로 동일한 성질을 가지고 있다고 추론하였다. 그리고 우리들 자신의 본성과 다른 모든 본성이 같다고 확신했다.

누구라도, 인간을 비롯한 모든 생물의 암컷과 수컷이 서로 끌어당기고 반발하는 힘을 발견할 수 있다. 이것은 자기 아닌 것, 즉 자기가 가지고 있지 않은 것에게로 지향하는 간단없는 분투의 노력이다. 이는 우리들 자신의 내부에 있어서나 우리를 둘러싼 세계 어느 곳에 있어서나 대체로 의지라고 부를 수 있는 것의 충동력이다.

 나는 이 작품에서 내 자신의 내부에서 솟구치는, 그리고 나를 둘러싼 세상의 곳곳에서 돌연하게 맞부딪쳐지는 의지의 격돌, 남녀의 끌림과 반발이 어떻게 화합하고 상충하는가를 그리려고 노력했다. 내 자신을 연구하여 '의지'를 이해하고자 힘쓴다면, 도처에 산재하는 다른 '의지'들도 감지는 할 수 있으리라 믿었으므로.

 솔직히, 연애소설을 쓰고 싶은 의지만큼이나 연애를 하고 싶은 의지도 강했다.

2025 너섬에서
김 영 두 절

목차

작가의 말　　　　　　　　　　　　　10

벚꽃이 진다 해도…　　　　　　　　15
점을 빼다　　　　　　　　　　　　18
고백성사　　　　　　　　　　　　　26
나는 동화를 쓴다　　　　　　　　　33
유리구두　　　　　　　　　　　　　37
감출 수 없는 것, 세 가지　　　　　　47
나는 '쓰는 행복' 하나만 붙들겠다　　60
Nobody knows　　　　　　　　　　70
불꽃, 사랑의 찬가　　　　　　　　　79
나는 권총으로 쏘겠다　　　　　　　86
여의도 번개　　　　　　　　　　　91
접속　　　　　　　　　　　　　　109

LOVE of my life	111
너의 뿌리를 내게 심어봐	121
나도 그래, 미투(Me too)	132
그리운 밤섬	141
I'm at your disposal	150
Follow me	168
재앙	199
레테의 강	216
악연은 또 온다	221
이제 그만 너를……	230
잃어버린 낙원	232

벚꽃이 진다 해도…

저녁 지을 쌀을 씻다가 무르춤히 강을 바라본다
물 아래 새가 난다
새는 어디로 흘러갈까 어디서 잠을 잘까

앞치마 주머니에서 메모지를 꺼내
'아들학원비' '양복단추달기' 등의 글자들 밑에
'새'라고 쓴다
쌀뜨물에 된장을 풀고
멸치의 내장을 발라낸다
멸치대가리에 붙은 살점을 씹어본다

술은 오소소 잔소름을 일으켜 떨다가
심장 깊숙이 숨겨졌던 잔 속에
몇 점 새 소리로 애간장을 녹인다
몸부림치다 벗어지는 허물
뱀의 혓바닥처럼 감겨드는 그대의 타액

―한 여자가 있다
그 여자에게는 남편과 아이들이 있다
그 여자에게는 애인도 있다
그 여자는 낮에는 애인과 지냈고 밤에는 가족과 지냈다
어느 날 애인에게서 헤어지자는 편지가 왔다
여자는 청어를 굽다가 그 편지를 받았다
비수를 맞은 듯이 가슴이 쪼개지려 했다
여자는 울고 싶었지만 청어에 눈물이 떨어질까 봐 참았다
가족의 식탁을 돌봐 놓고서야 겨우
여자는 편지를 다시 읽었다
또록또록 다가오는 애인의 결별사에
여자는 절절하게 서러워졌다
그러나 눈물은 말라서 나와 주지 않았다
된장국은 졸아붙고 생선은 타버렸다―

창 밖에는 하염없이 벚꽃비가 내린다
유리창에도 몇 낱 꽃이파리가 붙어 있다
강엔 밤안개가 밀려들고 있다
횟가루가 풀린 안개의 바다
술잔 속의 강은 달을 품고,
낙하하는 꽃잎, 별, 눈물 한 방울……

말은 죽고 침묵은 살아
식은 숯 같은 소원(所願)이 허공에 길을 낸다

어두워질수록 밝아지는 시름
나는 또,
꽃비에 갇혀 돌아가야 할 집을 잃었다

점을 빼다

오른쪽 볼 옆에 있는 점을 뺐다. 피부과에 가서 레이저로 지져서 태웠다.

내 얼굴에 언제부터 그렇게 커다란 점이 있었는지는 잘 모르겠다. 여중 2학년 교복을 입은 사진을 보고 아아, 내 얼굴에 점이 있구나, 라고 점의 존재를 인식했던 기억이 있다. 그러니까 얼굴의 검은 점은 삼십 년쯤 나와 함께 동고동락했다. 얼굴에 화장도 하는 어른이 되어가면서 점을 왜 안 뽑느냐는 질문을 여러 번 받았다. 그러나 당사자인 나는 점이 있다고 해서 거울 속의 얼굴이 흉하다고 느껴보지 않았다. 점으로 인해 불편을 겪거나 어떤 불이익을 당한 적도 없었다. 그러니 굳이 수고스럽게 마취주사를 맞아가며 얼굴에 칼을 댈 필요가 없었다. 점의 존재를 가끔은 잊고 가끔은 의식했었다.

그러다가 우연찮게 세기의 미녀라는 엘리자베스 테일러가 나오는 아주 오래된 영화를 보았다. 신기하게도 그녀는 나와 똑같은 부위에 점이 있었다. 나는 그 사실을 내세워 만고절색(萬古絶色)인양 굴기도 했었다.

그런 점을 과감하게 제거했다.

며칠 전에 심포지엄에 참석했다가 추리소설을 쓰시는 한 선생님을 만났다. 방송국의 수사극도 오래 집필하셨기 때문에 문명(文名)이 제법 알려진 분이다. 그는 주역(周易)을 오래 공부하고 연구했고 기(氣)에 관한 책도 냈다고 했다. 그분이 나와 남편의 사주(四柱)를 풀어주었다.

나는 가톨릭을 배내신앙으로 가지고 태어났고, 대학에선 과학을 전공했다. 무속신앙은 곁눈으로도 쳐다본 바 없다. 만상(萬象)을 음양(陰陽) 이원(二元)으로 설명한다는 주역풀이는 더욱 믿지 않았다.

한 해의 운수를 재미삼아 점쳐 본답시고 토정비결을 들여다봤던 적은 있다. 동쪽에서 청하지도 않은 귀인이 나타난다거나, 천 층 물결 속에서 몸이 뒤집혀 나온다거나, 추운 강 외로운 배에서 늙은이 홀로 낚시질을 하는 격이라는 등의 지극히 은유적인 문구들을 내 짧은 지식으로는 풀어낼 재간이 없었기에, 책을 덮으면서 잊었다.

"궁합 좀 봐 주세요."

세미나도 뒤풀이도 끝이 나서 각자의 숙소로 흩어지는 중이었는데, 나와 룸메이트가 된 선배가 한 선생님의 옷자락을 잡아끌었다. 선배는 남편을 여의고 십 년 넘게 독수공방을 지켜왔는데 연하의 남자로부터 청혼을 받았다고 했다.

"사주를 불러보세요."

한 선생님이 종이와 만년필과 주역책을 꺼내며 묻는데

도, 선배는 얼굴을 붉히며 머뭇거렸다.
"선배님, 선생님께 궁합 봐달라고 했으면 사주를 말씀드려야죠."
내가 채근을 하고 나서야 선배는 미리 준비한 듯한 종이를 수첩 사이에서 찾아 내밀었다.
"경자생…… 맞아요?"
사주가 적힌 종이를 받아든 한 선생님이 선배의 얼굴과 종이를 번갈아 보며 물었다.
"아홉살 연하 남자에요."
목소리는 기어 들어가고 있었지만 표정은 벼슬세운 장닭 같았다. 사별한 선배의 전 남편은 아홉 살 연상이었을 것이다.
"우와, 선배 능력 있네…… 난 그렇게 어린 줄은 몰랐잖아요."
나는 선배의 연애에 대해서 들었다. 선배에게 청혼한 남자가 미혼이라는 것과, 정신적으로 건전하며 육체적으로 건장한 남자라는 것, 남자의 부모님도 아들의 결혼에 반대하지 않으며, 선배의 아들도 어머니의 결혼에 반대는 하지 않는다는 것 등등을 알고 있었다. 그러나 아홉 살이나 연하라니…….
한 선생님도 그만한 눈치는 있는 분이었다. 친척과 친지들에게 인정을 받는 결혼의식이나, 서류상의 법적인 절차만 남겨둔 남녀에게 덕담은 못 해 줄 망정 재를 뿌릴 까닭이야 없지 않은가. 남자에게 역마살이 있지만 그게 두 사람 사이의 금실을 돋우게 한다는 등의 선배에게 득이 될 만한, 그러나 조심해야 할 이야기를 들려 주었다.

"맞아요. 그 남자 파일럿이에요. 어떻게 알지요?"

선배는 눈을 반짝이며 한 선생님의 족집게 같은 신기(神技)에 감탄했다.

장난기라고나 할까, 아니면 무료해서였을까. 나는 나와 내 남편의 사주를 들이밀었다.

나는 내 스스로 나서서 점을 치거나 남편과의 궁합을 맞춰보지는 않았지만, 타의에 의해 궁합을 보기는 했었다.

남편과의 혼담이 오갈 적에, 시댁 어른들은 궁합을 봐야 한다고 했다. 사주를 적어 보냈더니, 며칠 후 시댁에서 한지에 먹으로 구불구불하게 흘려 쓴 궁합괘를 보내왔다. 나는 한자를 제대로 읽지도 못해서 무슨 뜻인지 알 수가 없었다. 단지, 드물게 조화를 이루는 궁합이라고 시어머니가 직접 설명해주셨다. 그러나 이상하게도 결혼을 허락하는 데는 썩 내키지 않는다는 반응이었다.

훗날, 첫애가 태어나자 아이의 이름은 부모의 사주와 맞추어야 한다면서 시어머니는 나의 생년월일시를 다시 물으셨다.

"옛날 사주하고 같구나."

나는 시어머니의 말씀을 이해하지 못했다. 출생 당시의 사주팔자가 아이를 출산하면 바뀌기도 한단 말인가. 의문은 세월이 몇 년이 더 흐른 후에 손아래 시누이의 설명으로 풀렸다.

"언니, 어머니는요, 오빠가 적어준 언니의 생년월일시를 믿지 않았어요. 사주보는 집에서 오빠하고 언니의 궁합을 맞춰보고 천생연분이라고 했거든요. 어머니가 결혼 반대할까봐서 오빠가 언니의 사주를 가짜로 만들어온 줄로 아셨대요. 주역을 뒤지든지 점치는 무당집엘 가면 천생연분이라는 사주를 맞춰주기도 한다잖아요."

남편과 나의 궁합괘는 천생연분의 표본이었다는 뜻이었다. '천생연분의 표본'을 믿었기에 나는 한 선생님에게 우리 부부의 사주를 용감하게 이실직고한 것이었다.

나는 남편과 나의 궁합이 '잘 먹고 잘 산다'는 식으로 나올 줄 알았다. '곳간에 재물이 쌓이고……' 이런 소리도 덧붙여 들으려니 했다. 그런데 뜻밖에도 한 선생님은 내게 청천벽력 같은 소리를 했다.

한 선생님이 중국 고대의 복희씨가 만들었다는 주역으로 풀어낸 내 운명은, 지금 나에게 남자가 있다는 것이다. 부부 사이에 불화가 온다고 했다.

"얼굴에 있는 큰 점은 좋지 않아요. 이마가 초년 운, 볼이나 코는 중년 운, 턱은 말년의 운을 나타냅니다. 근데…… 점이…… 지금 나이에 있네요, 그 점으로 인해 좋지 않은 일을 겪을 것 같네요. 없앨 수 있다면 없애 버리세요."

그 말을 듣는 순간 가슴이 철렁 내려앉았다. 심장의 맥박이 거세게 뛰며 눈앞이 아득해졌다. 노아의 얼굴이 떠올랐다.

노아, 나는 노아에게 흠뻑 빠져 있다. 나는 그에게로 향하는 마음을 주체하지 못해서 전전긍긍하고 있다. 나는 이 순간에도 휴대전화에 그가 몇 개의 메시지를 남겼는지 확인하고 싶어서 안달이 나 있다.

하지만 노아로 인해 내 가정에 균열이 생긴다는 예감은 티끌만큼도 들지 않았었다. 그저 스쳐 지나가는 바람처럼 노아는 내게 마른 낙엽 같은 추억이나 몇 조각 남겨 놓고 제 갈 길로 가리라고 예견하고 있었다.

하긴 여태껏도 그랬다. 이리저리 사람들 틈에서 부대끼다 보면, 누군가와 깊게든지 얕게든지 연애 감정도 싹텄었고, 묽게든지 연하게든지 핑크빛 관계가 지속되기도 했었다. 아슬아슬하게 균형을 유지하며 친구의 선을 넘지 않은 지푸라기에 붙인 불도 있었고, 붙을 듯 말 듯하다가 저절로 소진해 버린 불쏘시개에 붙인 불도 있었다. 아니, 진정 사랑했던 남자도 있었다. 아주 오래전 일이지만.

노아…… 노아는 좀 다르다. 아름드리나무도 뿌리째 쓰러뜨리는 맹렬한 회오리바람이라는 토네이도처럼 노아는 나를 저돌적으로 공격하고 있다. 그러나 아무리 그가 강풍과 폭우와 우박을 동반하고 나를 덮친다 해도, 아성처럼 지켜온 가정을 내팽개치는 파멸의 상황은 꿈에서도 실현되지 않았다.

벌에 쏘이면 온몸이 통통 붓고 고열에 시달린다. 그러나 상처가 치유되면 한낱 회억거리밖에 안 된다. 금지구역에 발을 헛디뎌 들어갔던 기억은 남을 것이다. 꽃 향에 취해 잠시 혼미했던 순간도 아련하게 떠오를 것이다. 그렇듯, 노아와의 사랑이 아무리 진하다고 해도 낮잠 속의 짧은 꿈처럼 깨고 나면 허망한 불장난일 것이다.

그렇다면, 내가 오늘날까지 귓전에서 흘려 보냈던 다른 흰소리처럼 한 선생님의 충고도 무시해야 할까.

나는 여태껏 좋은 소설을 쓸 수만 있다면 경험 못할 일이 없다고 목청 높여 공언해 왔었다. 정직하게 고백하자면, '경험 못할 일' 중에서 연애만큼 매혹적인 것은 없다고 믿어 왔다.

산채로 다비장(茶毘葬) 치르듯이 영육(靈肉)을 전소하는 연애는 상상만으로도 까무러쳐진다. 게다가 유부녀의 연애란 한밤중의 도둑질처럼 은밀하기에 더욱 짜릿할 것이다. 그러나 늘 그것은 상상 속에서나 가능했지 현실과는 거리가 멀었다. 말뿐이었고 환상이었다.

나는 남편과 아이들을 사랑한다. 부부란 활화산 같은 정열로 태우는 사랑은 아닐지라도, 신체의 일부인 팔이나 다리처럼 소중한 사랑이다. 어떠한 경우라도 내가 버릴 수 있는 존재, 나를 버릴 수 있는 존재들이 아니다.

내 가정에 미친바람이 몰아치는 것을 원치 않는다. 점을 뽑는 작은 수고가 미친바람을 재울 수 있다면, 어찌 기꺼이 받아들이지 않겠는가.

나는 심포지엄에 다녀온 다음 날 점을 뽑았다. 노아의 존재가 탄환처럼 내 몸 어딘가에 박혀 있었기에 나는 더욱 용감하게 제거했다.

"별일이군. 누가 뭐래도 굳건하게 달고 살던 점을 그런 시답잖은 소리 한마디에……."

남편은 혀를 끌끌 차며 산란해지려는 맘을 도닥거려 준다.

"이 나이에…… 무슨 평지풍파를 일으킬 연애를 한다고……. 그래도 안 들은 것만은 못해서요."

나는 반창고를 붙인 얼굴을 거울에 비쳐보며 영악스런 거짓말을 한다.

그러나 남편은 모른다. 아니 나 자신도 모르는지도 모른다. 독사 한 마리가 내 심장에 똬리를 틀고 앉아 붉은 혀를 놀려 이브를 유혹하듯 내게 선악과를 내밀고 있음을.

고백성사

 박 신부님은 골프동호회에서 사귀게 된 분이다. 나는 신부님과 골프라운드도 하고 술도 마신다. 골프라운드를 하면서 내기도 해서 돈도 따 먹고 농담도 따 먹는다. 그러나 어떤 식으로든 딴 돈은 다 돌려드린다. 가난한 분, 하느님 최측근의 용돈을 훑어갔다가는 지옥 특석은 떼어 놓은 당상이다.
 몇 년 전에, 나는 장편 연애소설을 출간했다. 그즈음, 어느 날인가 박 신부님과 골프라운드를 했다.
 "책 내셨다면서요?"
 아무리 성직자라고해도 내기에서 지면 기분이 좋지는 않을 것이다. 그래서인지 신부님의 목소리에는 언짢음이 묻어 있었다.
 "졸작 연애소설을 냈어요."
 그날 나는 내기에서 이겨서 신부님의 지갑을 털었다. 밥을 사거나 헌금으로 다시 돌려드릴 작정이다. 그러나 이겼다는 사실에는 기분이 좋아져서 생글거리면서 자랑을 했다.

"왜 저한테는 책을 안 보냈죠?"

나는 책의 발송 명단에서 고의로 신부님의 이름을 뺐다.

나는 아직도 내 글을 주위 사람들에게 떳떳하게 내놓지 못한다. 작가란 경험한 것밖에는 못 써도 경험한 대로는 쓰지 않는다고, 변명에 변명을 거듭한다. 특히 내 소설을 시댁 어른들이나 신부님이 읽으리라고 상상만해도 아찔해 진다.

악(惡)이 살아남는, 살인자가 법망을 피해 유유히 달아나는 추리소설을 쓴 적이 있다. 나는 그 소설을 읽은 본당 신부님으로부터 호출을 당했다. 물론 조용하고 다감한 어조였지만 신부님은 그런 종류의 소설은 쓰지 말라고 엄중한 경고를 하셨다.

"벨라뎃다 씨, 하느님이 주신 재능을 하느님의 사업에 득이 되는 쪽으로 쓰셔야죠."

본당 신부님은 예수님의 사촌 동생 같은 분이시다. 아니 친동생 같은 분이다. 나는 참회하는 듯한 표정의 가면을 쓰고 무릎을 꿇은 채 앉아 있다가, 저린 발바닥을 주무르며 물러 나왔다.

"작가는 제시만 할 뿐이구요. 판단은 독자의 몫이에요. 소설이 권선징악만을 그린다면 얼마나 지루하고 짜증나겠어요."

순명을 강요하는 본당 신부님 앞에서 말꼬리를 붙잡고 늘어졌다가는 성경 말씀을 거역한다고 매도할 것 같았다. 그래서 머리만 조아리며 참고 있었던 말이다. 그 뒤로는 본당 신부님의 그림자만 보여도 뒷길로 피해 버렸다.

박 신부님이 본당 신부님처럼 절대 신앙을 강요하지 않는다 하더라도 가톨릭 사제임에는 틀림없다. 그래서 나는 박 신부님에게 책을 발송하지 않았다. 나는 시부모님이나 친정 부모님에게도 내 책을 들고 가서 이렇게 말씀드렸었다.

"어머님 아버님, 눈도 어두우신데 읽지는 마시고요, 서가에 꽂아만 두세요."

내용이 '유부녀의 진한 연애'였기에 양쪽 부모님이나 신부님 같은 분은 읽지 말기를 바랐다.

"지금 책 가지고 있어요?"

박 신부님의 목소리는 강압적이었다.

"차 속에 몇 권 있어요. 차는 쩌어그 주차장 귀퉁이에 세워져 있어요. 한참 멀어요. 그리고요. 실은요, 신부님처럼 혼자 경건하고 거룩하게 사시는 남자는 읽을 만한 책이 아니에요. 그러니까……."

포기하기를 바라면서 나는 뭉그적거렸다.

"앞장 서세요. 이 총각이 정독하고 판단을 하겠습니다."

내가 난감해서 어찌할 바를 몰라 하는데도 신부님은 나를 봐주지 않았다.

"읽으시고 저한테 보속(補贖)을 무겁게 주려고 그러시죠?"

나는 질기게 버티면서 토를 달고 나섰다.

"저야 용서하는 게 직업이잖아요."

할 수 없이 나는 신부님에게 책을 한 권 드렸다.

얼마 후 신부님을 다시 뵈었다. 눈을 마주치지 않으려고 딴청만 부리는데 의미심장한 웃음을 물고 다가오시는 게 아닌가. 아이고, 죽었구나. 이런 순간 위경련이라도 일어나면 구급차라도 불러서 도망칠 텐데……

"내가 다 읽었죠. 잠들기 전에 침대에 누워서 읽기 시작했는데 너무 재밌어서 점점 책 속으로 빨려 들어갔어요. 그래서 앉아서 읽었습니다. 하룻밤에요."

나는 좀 혼란스러워졌다. 내 소설을 재미있게 읽었다는 신부님의 말씀이 믿어지지 않았다. 나를 혼내기 위한 전주곡으로 들렸다. 영구 독신의 성직자가 재미를 느끼는 소설이라면 아마도 일반 독자들은 고리타분하게 느끼지 않을까.

작품보다 작가를 먼저 알게 되면 작품 속의 주인공과 작가를 동일시하려는 경향이 짙어진다. 주인공을 마치 작가인 양 착각하여 독자는 주인공이 아닌 작가를 쫓아다닌다. 그런 경우 간혹 독서가 더 흥미로워질 수도 있다. 물론 신부님은 내 저서를 읽기 전에 개인적으로 작가를 먼저 알았다.

그런 박 신부님을 오늘 또 만났다. 어떤 연유로 얼굴에 상처가 났냐고 물으신다.

"웬 가이(guy)가 제 눈앞에서 왔다리 갔다리 하면서 저를 심란하게 했어요. 제 눈에 콩깍지가 씌웠는지 그 가이, 상당히 매력적으로 보였어요. 저, 연애해본 지 오래

되어서 사실은 연애하고 싶어 죽겠는 판이었거든요. 그래서 찐하게, 아마 인생의 마지막일지도 모를 연애에 막 빠지는 찰나에……."

"사주를 풀고 관상을 봤더니, 연애하면 가정에 평지풍파가 일어나는데 점을 뽑으면 액막음을 할 수 있다는 괘가 나왔단 말씀이죠?"

"소문도 빠르기도 해라. 어디서 그런 유언비어를 들으셨나요?"

나는 단상(斷想)이나 에세이 등을 동호회 게시판에 올리기도 하는데, 점을 뽑고 나서 그 사연을 게재했었다.

"동호회 게시판에서 봤죠."

"또 야단맞게 생겼네요. 그런 사주풀이를 믿어서요."

연애의 죄는 차치하고, 운명론을 신봉한다는 사실을 신부님께 들켰다가는 불호령이 떨어질 게 뻔했다.

"더블 트리플로 죄를 지었군요. 그나저나 얼굴에 점이 빠지니 밥상에 김치 빠진 듯 허전하네요."

"신부님, 그렇지 않아도 속상해 죽겠는데, 여자 얼굴을 밥상에다 비유하시다니…… 꽃밭에 장미가 빠졌다든가, 하는 이쁜 비유를 다 버리고선…… 좌우간 갈등하다가 점을 뽑았어요."

나는 억지로 입아귀를 말아 올리면서 비굴하게 아첨을 떨었다.

"에이 싱겁긴. 연애하고 나서 점을 뽑지 그랬어요."

박 신부님은 칸막이로 얼굴을 가린 고해소 안에서는 거

룩한 말씀만 하신다. 그러나 사석에서 나누는 대화에서는 농담인지 진담인지 헷갈린다.

"연애하고 나중에 고백성사하면 된통 혼나잖아요"

나는 손바닥을 비벼 마른 때를 벗겨내며 경계를 늦추지 않았다.

"저야 용서하는 것밖에는 모르니까요."

맞다 신부님의 하는 일이란 용서, 그리고 보속 아닌가.

"신부님께서 용서를 해 주신다는 것까지 점괘로 뽑을 수 있었다면 이런 후회막급한 실수를 안 했을 텐데…… 찐하게 연애를 한 다음에 점을 뽑고 고백성사를 하는 순서를 밟았을 텐데…… 전, 점부터 뽑고, 그 가이에게 점 뽑은 사연을 메일로 보냈단 말이에요."

"그랬더니 벌을 받았단 말이죠?"

빙긋, 신부님의 얼굴에 개구쟁이 소년 같은 미소가 번진다.

"맞았어요. 그랬더니, 폭풍의 전야 같은 몇 날이 지난 후…… 훗날 벌판에서 악수할 수 있게 되길 바란다고 답장이 왔어요. 그건 저보고 냉수 먹고 속 차리라는 뜻이죠? 그 가이 도망가 버린 거죠?"

그렇게 물으면서도 나는 금욕생활을 하는 신부님들이 남녀의 애욕에 대해서 얼만큼의 지식이 있을까 잠시 생각한다. 가톨릭에서는 육체의 간음이 아닌 눈이나 마음으로의 간음도 금한다. 자연적인 피임 이외의 모든 인위적인 피임도 금한다. 가톨릭 사제는 성경의 말씀을 가감 없이 따르는 분들이다. 교육을 받고 수도생활을 한다지만 성경험이 전무한 숫총각에게 이런 종류의 자문을 구함이 과연 온당할까.

"아까비라……."

신부님이 무릎을 치며 탄식을 하신다.

"신부님도 아까우세요? 전 당사자니까 도망가 버린 인연이 원통절통하게 아깝단 말이에요."

나도 탁자를 두드리며 너스레를 떤다.

신부님은 한참만에야, 눈자위에 동그랗게 눈물이 고이는 여자를 바라보며 무겁게 입을 뗀다.

"김 작가는 아직 남자를 너무 모르는군요. 그 가이, 그냥 가볍게 놀아보려고 김 작가한테 접근한 거예요. 김 작가가 점까지 뽑으며 무겁게 달려드니까 뒷감당이 어렵겠다고 판단해서 발뺌했겠죠. 좋은 소설 쓰려면 남자를 더 알아야 해요. 애인이 필요해요?"

나는 동화를 쓴다

나는 신춘문예를 동화로 통과했다. 신춘문예보다 두 해 앞서, 소설로써 문예지의 신인상을 받기는 했다.

동화나 소설이나 산문이라는 공통점은 있지만 동화를 쓸 때와 소설을 쓸 때, 나는 아주 다른 각도에서 접근한다.

동화를 쓸 때는 행복하다. 쓰고 나면 뿌듯하다. 동화는 머릿속에서 구상만 되면 일사천리로 펜을 달려서 쉽게 마침표를 찍는다.

소설을 쓸 때는 고통스럽다. 탈고 후에도 내 작품에 흡족해 본 적이 없다. 소설을 집필할 때의 고통스럽다는 표현은 마음먹은 대로 잘 안 풀리기 때문에 심한 갈등과 번뇌에 빠진다는 말이다. 그러나 그 고통이 남긴 맛은 미흡하지만 감미롭다.

어렸을 적에 동화 한두 권 안 읽어본 사람은 없을 것이다. 사춘기 시절에 시인이나 소설가가 되겠다는 청운의 꿈을 품어보지 않은 사람도 없을 것이다. 나는 감명을 받았던 글을 공책에 따로 베껴 적으며 앞선 문인들의 철학과 사상을 가슴에 아로새기고자 노력했었다.

왜 내가 소설을 쓰면서 고통스러워할까. 나는 담배를 뻑뻑 피워대면서 눈에 핏발을 세우고 모니터를 응시하면서 늘 내 역량미달에 절망하고는 한다. 그러나 절망의 경험이 있기에 희망을 꿈꾸며, 악(惡)이 선(善)을 인식시키듯이 고(苦)는 낙(樂)의 달콤함을 수반한다는 사실을 믿는다. 삶이 편안함으로 일관된다면 영혼은 피폐해지겠지. 그런 의미에서 집필의 고통은 영혼의 쓴 약이다. 고통스러울 때 미래의 행복을 예감하고, 고뇌를 통하여 환희를 차지하려 한다. 하지만 행복을 느낄 때면 꼭 문밖에 불행이 대기할 것만 같다.

고통스럽지 않은 연애도 있을까. 연애란 고통의 뻘이다. 그것을 즐기는 나는 경미하나마 마조히스트인 것 같다.

나는 지금 동화 '인어공주'를 얘기하고 싶다.

인어공주는 평화로운 해저왕국에서 고생이라고는 조금도 모르고 지냈다. 어느 날 풍랑을 만나 익사하려던 인간세계의 남자를 구해 준다. 인어공주는 그 남자에게 첫눈에 반한다. 여기에서 인어공주의 비애로운 사랑의 막이 열린다.

인어공주는 인간의 다리를 얻고자 한다. 사랑하는 왕자를 만나기 위해서이다. 인어공주는 마술사를 찾아간다. 인어공주는 아름다운 목소리를 내어주고 인간의 다리를 얻지만, 그 다리에는 한 걸음 내디딜 때마다 가시에 찔리는 듯한 고통이 덤으로 붙어 있다. 그러나 인어공주에겐 그따위 고통은 아무 문제도 되지 않는다. 마술사는 사랑하는 왕자가 다른 여자와 결혼하면 인어공주는 물거품으로 사라진다는 예언도 곁들인다. 마술사의 예언에도 불구하고 인어공주는 갈등하지 않고 더 위험한 도박에 목숨을 건다. 다리를 얻었으나 목소리를 잃은 인어공주는 자신의 사랑을 왕자에게 고백하지 못한다. 그리하여 인어공주가 자신의 생명의 은인이었음을 모르는 왕자는 다른 나라의 공주와 결혼을 한다. 마지막 순간에도 인어공주에게 비상구는 있었다. 다른 여자와 결혼한 왕자를 죽이면 그녀는 본래의 인어로 되돌아올 수도 있었다. 그러나 그녀는 사랑하는 사람의 행복을 위해 마술사의 최후 처방을 거부한다. 결국, 인어공주는 물거품이 되어 떠오르는 아침 햇살을 받으며 영원히 사라진다.

 인어공주를 읽던 어린 날, 나는 커서 꼭 동화를 쓰리라고 굳게 결심했다. 꽃씨처럼 희망이 가득한, 이 세상의 악은 모두 벌을 받고 선은 행복해지는 해피엔딩의 동화를 쓰리라고 다짐했다.

 꿈은 소나무처럼 자랐다. 나는 동화들을 썼다. 나는 동화 속의 공주였다. 그러다가 나는 인어공주를 탄생시킬 수 있는 작가가 되면서 새로운 환상을 품게 되었다.

 나는 연속극을 보면 다음 상영 분을 머릿속에서 다 만들어낸다. 전지적인 존재가 되어 등장인물들을 내 의지대로 다뤄버린다. 책을 읽으면서도 도중에서 읽다말고 나름대로 끝을 꾸며 본다.

 실존의 인물에서 소설의 주인공을 발굴하는 것은 보편적이다. 그러나 모형을 그대로 본뜨지는 않는다. 원하는 것만 취하며 상상력을 점화시켜 특별한 인격을 부여한다. 내 창조물은 내 인생을 재현한다. 감춰지지 않는 속물근성을 그대로 야기(惹起)하기도 한다.

내가 인어공주의 작가라면, 대부분의 동화가 그러하듯 "결혼하여 행복하게 살았습니다."로 결말을 짓겠다. 아니, 속편을 쓰겠다. 옥황상제께서 그 착한 심성을 긍휼히 여겨 연꽃잎으로 싸서 환생시켰던 심청처럼, 우여곡절을 겪은 인어공주를 왕자와 결혼시키겠다. 피상적인 껍질 속에 숨어 있는 작가의 진실을 밝혀 내야겠다.

그러나 내가 작가가 아닌 실제의 인어공주라면 동화에서처럼 물거품으로 산화하겠다. 사랑하는 왕자를 위하여 죽어 버리겠다.

아마도 나는 동화 속의 주인공일 때가 행복했던 것 같다.

삶이 소설보다 훨씬 더 소설적이라고 한다. 현실에서의 나는 일도 사랑도 너무 서툴다. 넘치거나 모자란다. 동화보다 몽환적인 삶을 산다. 다치고, 채이고, 밟히고, 웃음거리가 되면서 내가 작가임을 실감한다.

유리구두

 오후 네 시 압구정 현대백화점 정문 앞에서 '경애'와 만났다. 그녀는 나의 고등학교 일 년 후배이고 그녀의 남편은 내 남편의 고등학교 일 년 선배이다. 우리는 십여 년 전에 앞뒷집에 살았다. 그해 나는 제왕절개 수술로 아들을 낳았다. 그녀의 남편이 내 뱃속에서 아이를 꺼냈다.
 의사가 산모의 하반신만 마취하고 메스로 배를 가르면, 산모는 말똥말똥하게 눈을 뜨고 자신의 내장을 들여다 볼수가 있다. 의식은 또렷하지만 고통은 전혀 없다. 하반신만 마취가 된다는 척추마취법을 사용한다고 해도, 통상은 미리 산모에게 수면제를 주사해서 재운다. 메스가 생살을 가르는 소름끼치는 소리나 수술기구들이 부딪는 차가운 금속성 마찰음을 산모가 적나라하게 듣느니보다는 안 듣는 편이 낫기 때문이다.
 나는 용감하게도 의사 선생님께 특별히 부탁했었다. 세상에 나오는 아이가 최초로 대면하는 존재가 엄마이게 해달라고. 나는 깨어있는 채로 내 몸에서 나오는 아이를 보고 싶었다. 또 하나의 이유는 아이의 성별이 궁금했기 때문이었다. 나는 첫딸을 낳았기에 두 번째 아이는 아들이기를 바랬다.

그녀의 남편이 허연 점막을 베일처럼 둘러쓴 태아를 열린 배에서 꺼냈다. 나는 소원대로 첫 세상의 빛을 받는 아들놈과 똑바로 눈을 맞췄다. 그 순간의 감격이란 인간이 구사하는 언어로는 형용할 수가 없다.

현대백화점 정문 앞에서 만난 경애와 나는 가족들의 안부를 묻는 등, 수다 떨며 세 시간여를 보내고 나서, 오후 일곱 시에 그녀 부부의 관면혼배성사를 집전하셨던 신부님을 만났다. 그녀 부부가 관면혼배성사를 받을 때 우리 부부가 증인을 섰었다.

우리는 신부님과 저녁식사를 했다. 거북했고 지루했다. 먹은 음식이 얹힐 정도는 아니었지만 신부님과는 빨리 헤어지고 싶었다. 주위 사람의 신경을 자극하지 않고 시계를 보는 일도 기술이 필요하다는 것을 알았다.

신부님이 미리 예매를 해놓은 청평행 기차의 발차시각은 열 시 삼십 분이었다. 신부님과 우리는 아홉 시가 조금 넘어서 작별했다.

"집으로 바로 갈래?"

경애도 나도 신부님과 같이 저녁시간을 보낼 것이라고 미리 집에다 허락을 맡았다. 밖에서 좀더 시간을 보내자는 뜻이었다.

"어디 갈 껀데?"

수업 빼먹고 학교 밖으로 도망쳐 나온 여학생처럼 목소

리가 들떠 있다. 그녀도 이대로 집에 들어가기에는 모자람이 있나 보다.

"나, 우리 동네에 참새 방앗간 있어. 들렀다 갈 거야."

거룩한 화제로 두 시간 이상을 담소했더니 눌려 있던 세속적 본성이 고개를 들고 있었다. 지금은 술시일뿐더러, 반주로 마신 청주 한 잔이 목마름의 도화선에 불을 붙였다.

"누가 기다려?"

그녀 질문 속의 '누구'는 남자를 의미하는 것 같다.

"글쎄. 누군가가 날 위해 그곳에 마음을 남겨 두었다면……."

경애와는 오랜만에 만났다. 그녀는 나의 최근 동태를 모른다. 그녀는 평범한 아내이자 어머니로서 집 밖의 세상은 거의 모른다.

"난 집에서 멀어지는데……이따 돌아오려면……."

역시 그녀의 생활반경은 스위트 홈에서 벗어나지를 못한다.

"내가 어떤 곳을 가는지 알고 싶으면 타."

멈칫거리는 그녀를 차 안으로 우겨넣었다. 그리고 칵테일바 '이브'로 왔다.

'이브'는 노아와 왔던 술집이다. 내 단골집을 노아에게 소개했었다. 노아와 외다리 의자에 올라앉아서 첫날은 '데킬라 썬 라이즈'를 두 번째 날엔 '이브 스페셜'을 마셨다. 나는 이브의 바텐더와 은밀한 약속을 했었다. 나와 동행한 남자가 친구 관계이면 '데킬라 썬 라이즈'를, 특별한 관계이면 '이브 스페셜'을 주문하기로 암호를 정했었다. 나는 칵테일바 '이브'에서 처음으로 '이브 스페셜'을 주문했지만 노아에게 그 의미를 설명하지 않았다. 그가 믿지 않을 것 같았기에 아무 말도 안 했다. 노회한 바텐더가 향기롭고 붉은 술을 내 앞에 밀어놓으며 의미심장하게 웃었을 뿐이다.

경애와 맥주 두 병을 거의 다 비워 갈 즈음 바텐더가 묻는다.

"이브 스페셜은 어디 가고?"

이브에 처음 발을 디딘 경애는 무슨 말인지 몰라 탐색의 눈만 굴린다.

"정리했어요. 아니, 정리 당했어요. 왔었어요?"

어쩌면 그가 한 번쯤 들렀을 지도 모른다. 퇴근 후에 동료와 한 잔 걸치고 얼큰하게 취해 이브를 찾았다면, 그는 내가 생각났기 때문이다. 나는 바텐더의 입에서 그가 여기에 와서 내 소식을 묻더라는 말이 흘러나오기를 애타게 기다린다. 내 눈빛의 전언을 알아챈 바텐더가 나와 경애를 번갈아 보다가 고개를 좌우로 흔든다.

"럼…… 뭐가 있어요? 바카르디가 있으면 럼콕을 만들어주시고……."

갑자기 독한 술이 마시고 싶어진다. 해적들의 술이라는 럼을 주문한다.

"앞으론 럼콕을 시키지 말고 '큐바 리버'를 시키세요. 럼콕에 몇 가지 더 혼합한 건데 격이 높은 칵테일이죠."

아마도 바텐더는 내가 덜 취하길 바라나보다.

내 혀는 큐바리버가 럼콕보다 알코올의 도수는 낮고 감미와 향기만이 진함을 잡아낸다. 아무려면 어떠랴. 내가 원하는 술은 이브 스페셜이다. 그러나 오늘은 이브 스페셜을 마실 수 없다. 노아와 함께 마셔야 의미가 있는 술이다.

"청평에 살 적에 우리 재밌었죠. 텃밭에 깻잎도 기르고, 호박도 구덩이를 파서 심고, 상추도 갈아먹고…… 비 오는 날은 애호박으로 부침개 만들어서 피엑스(PX)에서 사다 놓은 맥주 마시고……"

"여름엔 앞내에서 아이들이랑 송사리 잡고…… 돈은 없었지만 즐거웠어. 다들 유유자적하게 군대생활 삼 년이 지나가기만 기다리면서……"

"선배는 그때도 앉은뱅이책상 펴놓고 맨날 뭘 끄적이더니 이렇게 작가 선생님이 되셨는데…… 난 뭐야……"

그녀의 볼에 발그레한 꽃물이 든다. 눈가에 새 발자국 같은 실주름이 도드라진다. 그녀는 거의 보쌈 당하다시피 결혼했다. 버스 안에서 그녀에게 첫눈에 반한 남편이 집까지 쫓아와서 청혼을 했다고 한다. 그녀의 남편은 열쇠 세 개를 결혼지참금으로 챙겨야만 넘볼 수 있던 대학병원의 수련의였다. 그녀는 흰 피부에 눈빛이 맑고 마늘쪽 같은 코를 가진 한국적 고전미인이었다. 그러나 아이를 넷이나 낳고 기르는 동안 아름다움은 겨우 흔적만이 남아 있다. 세월은 그녀의 빛나는 젊음을 다 앗아가 버렸다.

"청평관사에 군의관 부인들, 부잣집 딸에 미인들도 많았는데, 그중에서도 세영엄마는 '미세쓰 청평관사' 아니었어? 아직 곱지만 그래도 세월이 지나간 자국은 어쩔 수 없나 봐. 눈가에 주름을 보니……."

"선배는 안 늙었나? 날 보고만 그래……."

"난 더 심해. 이마에 흰 머리 봐. 작년까지만 해도 뽑았는데 이젠 흰머리 뽑았다간 대머리 될까 봐서 염색했어."

술 퍼레이드의 마지막은 언제나 꼬냑이다. 나는 '레미마땡 브이에스오피'를 두 잔이나 마시고 이브를 나와 경애와 헤어졌다.

잠결인지 취중인지 나는 전화벨 소리에 눈을 뜬다.

"저에요. 통화 가능해요?"

노아다. 애타게 기다리던 노아다.

"가능해요. 말해요."

흡, 숨이 막힌다. 가슴이 뛰고 맥이 빠져서 전화기를 들고 있기가 힘들다

"보고 싶어요."

그의 목소리에도 취기가 묻어 있다. 술이 취했을 때 보고픈 사람이 있다면 그건 사랑에 빠진 거다. 그는 날 사랑하고 있다.

"어디로요, 어디로 가면 되죠?"

초점이 모이지 않는 눈으로 시계를 본다. 자정이다. 신데렐라의 마술이 풀리는 시각이다. 황금마차는 호박으로, 마부는 생앙쥐로, 아름다운 드레스는 재투성이 넝마로 변하는 시각이다.

"계신 곳으로 갈게요."

그의 환영이 눈앞서 어른거린다. 하얀 피부, 각진 턱, 파르라니 남아있는 수염자국, 눈…… 눈빛이 깊었다. 그 눈으로 나를 원했었다. 아아, 모르겠다. 눈은 마음의 창이라던데, 나는 그의 마음을 헤아리지 못했다. 그래서 그가 떠났다. 그의 마음을 짚어 낼 혜안이 있었다면, 그래서 그의 눈에 내 진심을 담아줬다면 그는 결코 나를 떠나지 못했을 것이다.

"우리 처음 만난 곳이요."

그의 첫 모습이 떠올라서 아니 다른 아무 생각도 할 수가 없어서 그렇게 말했다. 그는 무게도 부피도 없는 정(精)처럼 왔었다.

"거긴 벌판이었어요. 우린 첨에 벌판에서 만났어요. 많은 사람들 속에서도 당신은 빛났어요."

"아뇨. 우리 둘이 첨 만난 곳이요."

처음 만난 곳을 잊을 리 있으랴. 그가 차를 주차하고 나를 기다렸던 곳이다.

"골목이에요. 지금 그리로 가고 있어요."

나는 용수철처럼 튀어 나간다. 내가 먼저 도착해서 그를 기다리고 싶다. 전력으로 질주한다. 쉭쉭 허파에서 바람이 샌다. 저만큼 골목 끝에 그의 모습이 나타난다. 전신주 불빛으로 한껏 길어진 그의 커다란 그림자는 우쭐우쭐 춤을 추듯 출렁거린다. 팔을 벌리고 다가오고 있다. 나는 그의 품으로 뛰어든다.

"아주 가버린 줄 알았어요. 영영 안 올 줄 알았어요."

다시는 이 순간이 내게 안 올 줄 알았다. 신은 내게 벌을 내린 줄 알았다. 뚝뚝 눈물이 떨어진다.

"미안해요. 도망 못 갔어요. 겨우 열 발자국쯤 달아났었어요."

아라비안나이트에 나오는 요술 램프 속의 지니를 아는가. 지니는 램프 속에 갇힌 자신을 꺼내 주는 사람의 한 가지 소원을 들어주리라고 다짐하며 천년을 기다린다. 세 가지 소원을 들어주는 것으로 보답하리라 결심하며 천년을 더 기다린다. 그러나 기다리다 못한 지니는 램프에서 꺼내주는 사람을 죽여 버리리라고 스스로에게 맹세한다.

그는 삼천 년 만에 왔다. 나는 지니처럼 분풀이라도 하고 싶다. 때려주고 싶다.

그러나 그를 때려주는 대신 목에 감았던 팔을 풀어 그의 얼굴을 감싸고 찬찬히 들여다본다. 그리던 얼굴이 눈앞에 있다. 까칠한 수염자국이 만져진다.

"보고 싶었어요. 그렇지만 당신을 가슴에 묻었어요. 보고 싶을 때 혼자 꺼내 보려구요."

자꾸 눈물이 솟아서 시야가 흐려진다. 그의 얼굴의 윤곽이 뭉개지고 있다.

그와 강가로 내려갔다. 그가 더운 커피가 없다며 캔커피를 사왔다. 둘 다 라이터를 잃어버려서 담배도 못 피웠다.

나는 그의 손끝을 따라 까만 하늘에 몇 낱 박혀 있는 별을 보다가, 물속으로 쏟아지는 강 건너 마을 불빛도 바라보다가, 손을 뻗으면 닿을 듯한 거리에서 물고기가 물방울을 튀기며 무자맥질하는 양도 바라봤다. 아니 나는 별도 마을의 불빛도 물고기도 보지 못했다. 그의 가슴에 얼굴을 묻고 있었다. 그의 체온으로 따뜻해진 오른쪽 귀에는 심장의 박동이 전해졌고, 강 쪽으로 열린 귀에는 물결의 동심원이 강기슭에서 찰박찰박 부서지는 간섭음이 들려왔다. 간간이 그의 젖은 입술이 볼에 닿았다.

"점을 안 뽑았군요."

볼을 돌아다니던 그의 혀가 움직임을 일순 멈추었다. 그의 입술이 뜯긴 볼을 만져본다. 점이 그대로 있다. 뿌리가 깊었던 점은 다 뽑혀나가지 않았던 것이다. 표피에 붙어 있던 부분은 떨어져 나갔지만, 겉살이 아물자 살 속에 남아있던 뿌리가 질기게 살아나고 있었다.

"안 가요?"

내가 물었다. 너무 늦었다. 우리에겐 각기 돌아가야 할 집이 있다.

"조금만 더 기다려줘요."

그는 분명 그렇게 말했다. 무슨 뜻일까.

"기다리면 올 건가요?"

나는 또 왜 바보처럼 물은 걸까. 기다림은 천형(天刑)인데…….

그는 돌아오지 않았다. 잠시 다니러 왔다. 그는 이성을 흐리게 하는 알코올의 농간에 말려 있다. 동녘 하늘이 밝아오고 시나브로 취기가 물러가면, 숙취로 당기는 뒷골을 쥐어뜯으며 후회하리라. 자제력을 잃고 무책임하게 남발했던 자신의 맹세를 주워 담기에 급급하리라. 하늘이 캄캄해진다. 난 나를 잃는다.

또 전화가 울린다. 아니다, 자명종이다. 시계를 본다. 여섯 시이다. 아들 녀석의 아침 식사와 남편의 출근을 도와야 한다. 십 분만, 십 분만 더 자고 싶다. 꿈길을 벗어나고 싶지 않다.

달아난 잠의 꼬리를 잡으려고 이불을 머리까지 뒤집어쓰고 돌아눕는다. 몸을 새우처럼 웅크린다. 겨드랑이에 손을 넣는다. 겨드랑이가 뜨겁다. 이상한 현상이다. 배란이다. 돌아누우며 느껴지던 사타구니의 선뜩한 분비물도 배란의 증거이다. 배란기에는 가끔 성몽(性夢)을 꾸기도 했었지. 젊은 날엔 그랬지. 꿈이었나보다. 그는 불청객으로 현몽했었나 보다.

앞치마를 입는다. 쌀을 씻어 밥솥에 얹는다. 아무렇게나 벗어 던진 옷이 식탁의자 등받이에 걸쳐 있다. 옷장에 넣어두려고 윗도리를 짚는데 무언가 발등으로 떨어진다. 캔커피이다. 왜 이런 것이 호주머니에 있었을까. 잠깐 모호해진다.

노아가 꿈 속에서 캔커피를 사줬는데…… 신데렐라 유리구두인가.

마법이 풀린 후에 덩그러니 남은 한 짝의 유리구두…….

감출 수 없는 것, 세 가지

 친구 '원'을 만났다. 글쎄, 우리는 언제부터 친구였을까. 나는 초등학교에 다닐 때 그 도시의 KBS 어린이 합창단 단원이었다. 합창단원이 되려면 오디션을 거쳐야 했고, 오디션은 경쟁률이 높았다. 오디션 현장에서 심사위원이 깜짝 놀라 무릎 칠만큼 노래를 잘 불렀던 계집애가 있었다. 그 주인공이 원이었다. 그 날 그렇게 고운 목소리를 가진 계집애를 처음 만났다. 얼굴은 깨밭에 엎어졌다가 온 듯이 주근깨 투성이었고, 갈색머리를 정수리에 말꼬랑지처럼 묶은 계집애였다. 나는 어머니의 강력한 백으로 오디션을 통과했고, 그녀는 타의 추종을 불허하는 수석합격이었다. 그녀는 중·고교에 다니면서도 성악 콩쿠르에 나가기만 하면 상을 타왔다. 나는 그녀가 오페라의 프리마돈나가 되어 무대에서 노래를 부르는 모습을 상상하고는 했다. 그녀가 성악을 계속했더라면 '조수미'를 능가하는 소프라노 가수가 되었을 것이라고 나는 지금도 믿고 있다. 그녀는 성악가의 길을 포기하고 결혼했다. 결혼하자마자 해외주재 상사원인 남편을 따라 아프리카로

떠났다.

 그때부터 우리의 편지질은 시작되었다. 나는 아직도 그녀가 내게 보낸 편지를 간직하고 있다. 라면박스가 넘치는 분량이다. 나는 그녀에게 더 많은 양의 편지를 보냈다.

 우리는 오래 떨어져 살면서 사무치게 서로를 그리워했다. 그녀가 한국으로 돌아오면 한동네에 살자고 굳게 다짐도 했었다. 그렇지만 사람 일이 그렇게 마음먹은 대로 된다면 세상에 불행이나 안타까움이란 없을 것이다. 그녀가 한국에 들어와 살게 되었을 때 나는 남편을 따라 부산에서 살았고 그녀가 다시 인도네시아로 나가자 나는 서울로 돌아왔다.

 지금 그녀의 남편은 직장이 있는 인도네시아에 살고, 아들은 서울에서 학교에 다닌다. 그래서 그녀는 자카르타와 서울을 오가며 지낸다. 나는 원을 만나러 원이 먹고 싶다는 대구사과를 한 상자 들고 인도네시아에 갔었다. 자카르타에서는 그녀의 저택에 묵었고, 천혜의 휴양지라는 발리에도 같이 갔다 왔다.

 그렇게 오랜 우정을 지속해 온 친구의 생일이다. 오늘 그녀 곁에 남편이 있었다면 그녀는 내 차지가 안 되었을 것이다. 가족과 생일을 보낼 것이다.

 분위기가 좋다고 소문난 재즈 바에서 만났다.

 "축하한다는 전화와 꽃바구니가 왔어. 병풍만한 카드랑."

 그녀의 남편은 선물을 고르는데 천부적인 재질이 있다.

누군가 곁에서 조언을 해주는 친구가 있는지는 몰라도, 여자에게 기쁨을 주는 물건을 고를 줄 안다. 출장에서 돌아올 때마다 향수며, 핸드백이며, 보석들을 물어 나른다. 꽃을 고르는 안목도 대단해서 '장미'가 아닌, 꽃대가 굵고 길며 한 줄기에 탐스런 꽃송이가 하나씩만 매달린 '네덜란드 장미'로만 꽃다발을 묶어 보낸다. 치열하게 성의를 표시한다.

"부러워······."

우리는 전화선을 타고 흘러 들어오는 단 한 마디 목소리만 듣고도 서로의 기분을 파악하는 사이이다.

"난 니가 부러워."

내가 그녀를 부러워하는 부분은, 그녀 남편의 사랑 표현이다. 그녀가 나를 부러워하는 부분은 자유로움이다.

그녀의 남편은 아내를 너무 사랑하는 나머지 집안에만 가둔다. 온갖 좋은 물건은 다 사다주고 온갖 좋은 곳엘 데리고 다니지만 그녀 혼자만의 외출을 금한다. 시장 나들이도 가정부를 대동한다. 기사가 운전하는 자가용으로 다녀온다. 골프라운드를 갈 때도 가정부가 골프채며 옷가방을 챙겨서 승용차에 실어준다. 성에 갇힌 왕비마마이다.

"밖에서 나랑 저녁 먹는다고 말했니?"

나는 방콕으로 출장 간 남편에게 외출허가를 받았느냐고 묻고 있는 것이다.

"허가 받았지만 이따가 전화 또 올 거야. 늦어도 열 시까진 들어오라고 했어."

그녀의 말을 듣고 있노라면 갑갑해진다. 밖으로 나가 자유로운 바람을 마시고 싶어진다.

세상에는 각양각색의 부부들이 있다. 비슷하지만 제각각 조금씩 다른 모습으로 산다. 곁에서 관망하는 것만으로는 그들의 삶을 들여다볼 수가 없다. 다른 친구들은 그녀를 최고의 귀족이자 팔자 늘어진 유한부인이라고 부러워한다. 조롱 속의 새처럼 갇혀 있어도 좋으니 보석으로 감고 앉아서 남편의 지극한 총애 한 번 받아봤으면 소원이 없겠다는 친구들도 있다.

"니 남편은 아직도 니가 천하일색 양귀비인 줄 아나보다."

나는 비아냥거린다. 내가 아무리 비아냥거려도 그녀의 남편이 아내를 세상에서 제일가는 미인으로 믿는 점은 변하지 않는다.

"나이 차이가 나잖아. 점점 자신 없어지니까 더 가두는 거야. 남편과 더 이상 안 살 거라면 내 맘대로 하겠지만, 여태도 견뎠는데…… 자기 방식에 안 맞춰주면 싸움 나. 싸우기 귀찮아."

이제는 체념했다는 말투다. 여전히 갑갑하다. 나는 블라우스 목 단추를 하나 푼다. 애초부터 화분에서 자랐다면 몰라도 어떻게 온실의 화초처럼 지낸단 말인가.

"내 남편은 나한테 자신이 있어서 날 방치하나 봐. 니가 뛰어야 벼룩이지, 하는 배짱으로."

"니 남편은 널 믿는 거야. 나는 그게 부러워."

빈정거림으로 받아들인 걸까. 그녀는 언니처럼 내 어깨

에 손을 얹고 따뜻하게 눈을 맞춘다.

"니 남편은 니가 너무 사랑스럽고 이뻐서 손탈까봐 아끼고 감추는 거야."

"전생에 원수가 이승에서 부부로 맺어진다잖아."

그녀는 때때로 그런 말을 하고는 했다. 그녀와 나는 가끔 남편이란 존재에 대해 적확한 정의를 내리고 싶어 했다.

어느 소설가가 '부부란 하필이면 혼기(婚期)에 만난 남녀'라고 했다. 원이나 나나 별 탈 없이 결혼생활을 수십 년 이상 지속해 오면서 남편을 가리켜 '혼기에 만난 남자'라고 매도하는 것은 옳지 않을지도 모른다.

"나도 처음엔 그렇게 믿었지. 남편 얼굴을 바라보면서 저 남자하고 나는 전생에서 무슨 업보를 지고 왔을까, 무슨 원수를 졌을까, 그런 생각을 한 적이 있었지. 근데 어느 날 그 말이 나쁜 뜻만은 아니라고 깨달았어. 전생에서 미워하고 살았으니까 이승에선 다투지 말고 금슬 좋게 해로하라는 뜻이 아니겠어? 부부란 오래 묵으면 나태와 침묵으로 사랑이 죽잖아. 끊임없이 손질하면서 지키라는 선인들의 말씀일거야."

"그래도 우린 악연이야."

그녀의 푸념이 무료하고 따분하게 들린다.

"이혼할건 아니잖아. 이혼할 만큼 비틀어져야 악연이지. 뭘 더 바라니? 남편이란 마누라 사랑하고 돈 잘 벌어다주면 그만이지."

"결혼이란, 에피소드만 계속되는 지루한 여정이야. 고색

창연한……."

"넌 결혼이라는 것에 너무 큰 환상을 품고 있어. 그냥 사는 거야. 같이."

"아냐. 너무 일에 미친 사람 같아서 말야…… 일하고 결혼한 사람이야."

하긴, 원의 남편은 정말로 일에 미친 사람 같다. 자세한 내막이야 알 수도, 알 필요도 없지만 회사 내에서 흘러나오는 소문도 그렇다. 일에 미친 남자의 아내는 외롭다는 점에서는 그녀를 동정한다.

머리카락을 무지개색으로 염색한 가수가 마이크를 한입에 삼킬 듯이 커다랗게 입을 벌리고 노래를 부르고 있다. 성능이 좋은 마이크는 가수의 목소리로 온 실내를 아낌없이 채운다. 허스키한 여자의 노래가 천장에서 떨어지고 바닥에서 솟는다.

"난 저런 가수들을 보면…… 아직도 네 소질이 사장된 게 아까워."

웨이터가 커다란 은쟁반에서 음식 접시를 내려놓는다. 그녀의 생일이지만 그녀는 나를 위해서 해산물 요리를 시켰다. 담홍색의 바다가재 한 마리가 통째로 타원형 접시에 엎드려 있다. 그녀가 살을 발라 내 접시에 얹어준다.

"이제 와서 새삼스럽게……."

"저 노래, '마이 핫 윌 고 온…… (My heart will go on……), 영화 타이타닉 봤니?"

"이 재즈 바를 하두 선전을 하기에 여긴 음악성이 있는 가수가 나오는 줄 알았어. 음정 박자 제대로 안 맞아서 듣기가 거북해."

"또 그 버릇 나온다. 난 듣기만 좋구만."

원은 특별한 귀를 가졌다. 음정이 1/2도만 어긋나도, 박자가 1/4박자만 틀려도 꼬집어내며 불평을 한다. 그래서 소위 라이브 카페라는 음식점이나 술집엔 안 간다. 오디오로 흘러나오는 음악을 듣는 편이 훨씬 낫다고 한다.

"참아줘라. 쟤네들이 정경화나 조수미는 아니잖니."

"내 말은 연습 부족이라는 거야. 그리고 겉멋만 들어서 제멋대로 편곡을 해서 부르잖아. 그러니까 저런 불협화음을 내잖아."

"나 들으라는 질책 같애. 넌 내 글도 맘에 안 들어 하잖아."

"미안한 말이지만, 사실이야. 난 니가 좀 더 잘 썼으면 좋겠어."

원의 입에서 그런 말이 튀어나오면 나는 입을 다문다. 그녀는 내 소설에 대한 나름대로의 평을 해주고는 했는데 아직껏 한 번도 호평을 한 적이 없다. 그녀는 내가 톨스토이 같은 문호가 되기를 바란다.

"난 니 노래에 늘 만족했고, 감동했었는데……."

"내 꿈은 물 건너 가버린 얘기고…… 넌 현역이잖아. 그나저나 넌 니 남편에게 감사해야 해. 니가 소설을 쓸 수 있게 도와준 외조의 공을 인정해야 해."

"울 남편은 자기가 내 길을 막는다면 내가 같이 안 산다는 걸 너무 잘 알아."

"그렇게 쉽게 내뱉을 단어들이 아닌데?"

"너니까, 내 제일 친한 친구니까 쉽게 털어놓는 거야."

디저트 접시가 탁자에 놓이고 있다.

"그렇게 안 뽑는다고 뻗댕기더니 무슨 바람이 불어서 점은 뽑았니?"

나뭇잎 형상으로 멋을 내서 장식한 샤베트에 숟가락을 박아 넣다 말고 원이 묻는다. 흐린 불빛 아래서도 그녀는 내 점이 없어졌음을 짚어낸 것이다.

"가정파탄 시키는 점이래. 내가 바람난다잖아."

그녀가 냅킨으로 얼굴을 가린다. 깜짝 놀라는 표정을 감추는 것이다.

"얼굴이 깨끗해졌어. 하지만 허전하기도 한데······. 근데······ 바람이라니······."

그녀 앞에선 아무것도 감추거나 숨길 수가 없다. 우리는 서로를 속속들이 알고 있다.

"한 잔 더 할래? 내가 숨겨둔 술집이 있어."

백포도주 한 병이 바닥을 드러내고 있다. 그녀가 시계를 본다.

술이 좀 올라야만 내가 입을 뗄 것을 그녀는 단박에 알아챘다. 그녀의 불안을 무시하고 택시를 타고 이브로 왔다.

타인에게 감출 수 없는 것 세 가지는 '주머니 속의 송곳'과 '가난'과 '사랑의 감정'이라고 한다. 그래서일까. 그녀는 택시 안에서 입가에 웃음만 빙글빙글 돌리고 있었다.

처녀시절에도 우리는 맥주를 좋아했다. 이브의 탁자에서 맥주 세 병을 비웠다.

"너 연애하지?"

어째 안 물어보나 싶었다. 내가 이실직고하길 기다리고 있는 줄을 나도 알고 있었다.

"혼자 하는 연애야. 가버렸어."

나는 안타까운 심정을 털어놓고 싶었기에 사연을 풀었다.

"괜히 남자 하나 망가뜨리지 말고 놓아줘라."

원의 핸드백 안에서 전화가 운다. 화들짝 놀란 그녀가 얼른 핸드백을 들고 밖으로 뛰어나간다. 손까지 씻고 오는지 그녀는 한참 만에 돌아왔다.

"남편 전화?"

"아니. 아들."

"집으로 전화 왔었대?"

"왔었대. 못 믿어서겠지."

"휴대전화 번호로는 전화 안 오니?"

"집에서 전화를 받으라는 뜻이야."

"너네 아들은 엄마를 도와주지 않니?"

"엄마 주무신다고 했대."

"그럼 전화 다시 안 와?"

"몰라."

알코올은 역시 배짱도 생기게 하나보다.

"내가, 없는 남편 대신 성대한 파티 해줬다고 해."

"살만큼 산 부부야. 싫은 소리 한두 마디 하다 말겠지.

하던 얘기나 해봐."

"그래. 역시 화제에 남자가 올라야 말도 맛이 나잖아. 어디까지 했지? 그래 그 아이 놓아주라고 했지?"

원이 빈 술잔을 채운다. 벗과 함께하는 술은 맛이 있다.

"그 아이라니. 어려? 많이?"

"일곱 살 어려."

"후후…… 비리다. 비린내 나."

"얜, 꼭 말허리를 자르고 그러더라. 나 얘기 안 할래."

"계속해 봐. 술 한 잔 더하고……."

원은 호기심으로 귀를 바짝 세우며 의자를 끌어당겨 앉는다.

"나도 그 아이 놓아주려 했어. 그래서 점도 뽑았고. 근데 다시 왔어. 전화가. 꿈인지도 몰라."

"술 먹고?"

원이 잔으로 탁자를 친다. 노란 액체가 출렁거리다가 거품으로 넘쳐흐른다.

"맨 정신에 전화하겠니? 술 취하니까 못 참고 번호를 눌렀겠지."

나는 목소리를 낮춘다.

"만났구나."

"뛰어나갔어. 팔 벌리고 달려오기에 미사일처럼 박혔지. 가슴에."

"……재밌어라."

그녀가 킬킬대기 시작한다. 친구의 일이라 재미가 있는

가 보다. 나 아닌 타인의 일이기에 한 걸음 물러서서 웃어줄 수 있는 것이다. 만약에 그녀가 내게 똑같은 얘기를 했다면 나도 웃어줄까. 비수에 찔려 가슴에서 피가 철철 흐르는데도 하루살이 벌레에게 물린 상처라고 무시해줄까.

언젠가 그녀가 내게 자신의 연애를 털어놓았었다. 나는 그녀에게 동조해서 같이 슬퍼했다.

그녀는 미혼이었고 남자는 기혼자였었다. 남자의 아내가 암과 투병중임을 알고 그녀는 남자와의 관계를 정리했다. 사랑해서 결혼한 아내가 시한부 인생을 살고 있는데 다른 여자와 사랑을 나누는 남자는 파렴치한이라고 비난했다. 그녀는 죽은 나뭇가지를 쳐내듯 남자를 잘라냈다.

"나를 그 남자의 아내 위치에 놓아봤어. 내가 죽어 가는데 바람피우는 남편은 용서 못 해."

그녀는 남자에게 속았다고 앙분했었다. 나는 그때 그 남자의 편을 들었을 것이다. 이미 사랑이 식은 허울만 그럴듯한 부부인지도 모른다고, 그녀가 듣기 좋은 단어들로 남자를 포장했다. 그 남자의 사정이 어떻든지 간에 그녀가 상처를 덜 받기만을 바랐다. 그러나 그녀는 밤이면 집 앞 골목에서 서성거리던 남자를 몇 번인가 더 만났다. 남자가 안쓰럽다며 훌쩍거렸었다. 결국 심한 진통을 겪고 나서야 남자는 물러섰고 그녀는 연애의 후유증에 오래 시달렸다. 결혼을 하면서 진정되는 듯이 보였다.

"너도 그랬잖아. 헤어지기로 해놓고도 못 참고 찾아오는 남자 만났었지?"

"옛날 얘긴 왜 하니? 아직 가슴이 아린데……."
"그래, 당면과제를 풀자. 그 아이랑 강가에 앉아서 한 시간쯤 얘기했는데 갈 때가 되니까 술이 깨는 모양이었어. 찾아온 걸 후회하는 것 같았어."
"너, 절대로 전화하지 마."
"나, 전화 안 하고 참을 수 있어. 세월이 내게 준 선물이 그거야. 욕구를 행동으로 옮기지 않는 자제력 말야. 아직 표정이나 눈빛은 숨기지 못해. 하지만 전화는 안 하고도 견뎌."
"또 와. 기다려."
"안 올지도 몰라. 기다리든지 포기하든지 남들이 보기엔 아무 표시 안 나게 연기할 수는 있지. 하지만, 하나는 희망의 낙원이고, 하나는 절망의 지옥인걸……."
"후후…… 술은 또 먹게 되어 있고…… 취하게 되어 있고…… 또 전화하게 되어 있어. 꿈에서라도."
"이상해, 너도 알다시피 나…… 여즉 한 번도 남녀노소를 막론하고 단시간에 친해진 사람은 없었잖아…… 이슬비에 옷이 젖듯이 스믈스믈 녹아들었지 이렇게 풍덩 빠지지는 않았잖아……."
"쉬이 달아오르면 쉬이 식는다던데. 곧 괜찮아지겠지. 술이나 마셔."
그녀는 거품이 묻은 입가를 훔치며 잔이 넘치게 술을 붓는다.
"제발 그래주길 바라지. 한편으론 꿈에도 나타나지 말고 전화도 안 오길 바라지. 끊어 내고 편해지고 싶어서……
이런 소모전이 내겐 벅차. 나 늙었나 봐."

"심각하구나. 너. 내가 진단하기엔 열병이야. 강도는 클지 몰라도 시일은 길지 않을 것 같다."

나는 가끔 그녀가 언니처럼 느껴질 때가 있다. 나는 언니의 꾸중에 변명하는 동생만 같다.

나는 '쓰는 행복' 하나만 붙들겠다

 홍 선생님께서 전화를 주셨다. 그분은 문단의 대선배이시자 대학의 선배이시다.
 작년에 출간한 장편소설에 대해 문장은 대단히 미려하지만 소재를 잘 못 잡았다는 말씀을 하셨다. 소재를 택하는 데 좀 더 갈등하고 고뇌하라고 하셨다.
 "뭘 쓰고자 한 거야?"
 이런 질문에는 참 난감하다. 그러나 윗사람의 물음에 침묵하는 자체가 불손함이라고 교육을 받아온 나는 무슨 답이든 해야 했다.
 "이런 사랑도 있다는 거요. 아시다시피 작가는 독자들에게 보여주기만 하는 거죠. 도덕의 잣대를 들이대든, 페미니즘의 잣대를 들이대든 나머지는 독자나 평론가들의 몫이니까요."
 "네 소설의 주인공, 소설가 김우성말야. 여주인공 유연희에 비해 사랑에 불성실해. 난 그런 연애 말리겠어. 고통이 크고 상처만 남지."
 "소설의 내용처럼 비슷한 경험이 있었어요. 성실히 사랑했고 사랑한 만큼 사랑도 받았어요."

"네가 사랑에 빠졌던 남자가 어떤 사람인지 궁금한데?"

"소문이 요란했어요. 주위에서 제게 묻곤 했어요. 그 사람과 저의 관계가 소문처럼 사실인지를요."

"사생활에 대해 꼬치꼬치 묻는 사람도 있어?"

"아뇨. 제 하는 짓이 눈에 띄게 달라졌었나 봐요. 그 사람 이름을 대면서 얼마나 친하냐고 물었어요. 전 특별하게 친하다고 대답했구요."

"허즈는 모르겠지."

"물론, 몰라요. 벌써 오래 전 일이에요."

"끝까지 몰라야 해. 죽는 날까지 숨기는 것이 허즈에 대한 예의야. 남자에 따라선 훗날 묻는 사람도 있는데 그때도 숨겨야 해."

"묻지 않을 거예요. 저도 남편의 연애에 대해 묻지 않을 거예요. 영원히."

"성인 남녀 사이에선 섹스가 없이 사랑이 이루어지지 않지. 마음보다는 몸이 더 그리움을 타거덩."

마음보다 몸이 더 그리움을 탈까. 청각, 후각, 촉각, 미각, 시각으로 느끼던 노아가 다가온다. 선생님의 말씀이 옳은 것 같다. 육체란 오관의 모체이니까.

"성격을 맞추듯이 섹스도 맞춰봐야겠죠. 그러나 친밀해진 다음이죠. 섹스는 더 친밀해지려는 통과의례 아닌가요?"

나는 생각과는 달리 딴소리를 한다.

"술 마실 친구 있어? 남자."

내 전화번호부에는 여자보다 남자의 이름이 더 많이 올라있다. 공적인 관계의 이름을 빼더라도 선배 후배 동료, 또는 친구라고 할 수 있는 관계도 남자가 더 많다. 십 년쯤, 이십 년쯤, 그리고 삼십 년이 넘은 곰삭은 젓갈 같은 남자친구도 있다. 어쩌다 만나면 느낌이 아주 좋다. 친구와 애인의 중간 위치에 있다. 같이 술잔을 기울이면서 밤이 이슥하도록 즐겁게 대화를 나눈다. 같이 골프를 치기도 한다. 골프라운드에 묘령의 아가씨나 아줌마를 대동하고 나타나서 애인이라고 선보이는 친구도 있다. 몸담은 분야에서 대체로 성공했고 그 성공에 어울리게 부도 축적한 듯 배기량 3000cc의 승용차나 값나가는 외제차를 몰고 나타난다. 그래서 그들의 얼굴에는 상종가의 주식처럼 오만함도 엿보인다.
 "술 같이 마실 친구는 많아요. 남자요. 그렇지만 이성으로 끌리지도 않으면서 괜히 연애하면 친구 관계도 깨져요. 친구로는 오래도록 곁에 두고 싶거든요."
 멀리서, 호수의 파문처럼 선생님의 웃음이 일렁인다.
 "연애할 땐 연애소설을 못써. 사랑에 빠지면 누구나 시를 쓰지만, 소설은 사랑이 끝나야 시작되거든. 앙금은 가라앉히고…… 부유물은 걷어 내고…… 자기의 연애를 객관적으로 바라볼 때쯤에야 비로소 소설이 나와."
 "선생님 말씀이 맞아요. 사랑에 빠지면 눈이 머니까요."
 "체험을 기록해 둔 거 있어?"
 사랑이 지나가면 마음에건 육체에건 흔적이 남는다.

"엄청난 분량의 편지와 일기를 썼었는데요. 모두 다 없애 버렸어요. 다시 들추면 괴롭죠 머."

'후'가 내게 결별의 인사를 남기고 떠나가던 순간이 새삼스럽게 회오리치며 달려온다.

"내 기억 속에 가장 사랑스러웠던 여인으로 남을 꺼야."

후는 과거완료형으로 말했었다. 후가 떠나간 그 날 이후로 나는 매일 책상 밑에서 몸을 조그맣게 웅크리고 울었다. 오열이 새어나갈까 봐 수건을 입에 물고 울었다. 나는 자반고등어처럼 짠 눈물에 절여졌다. 눈은 퉁퉁 부었고 콧물을 하도 많이 흘려 콧속이 헐었다. 코를 풀 때마다 귓속에서 삐익 하고 호루라기 부는 소리가 났다. 목젖이 비대해져서 침을 삼키면 침(針)을 삼키는 듯 따끔따끔했다. 입안에는 백태가 꼈다. 생리는 주기를 어기고 한 달에도 두어 번씩 찾아왔다. 항문으로도 피를 쏟았다. 내 육신의 모든 혈(穴)이 제 기능을 잃었다. 나는 한없이 쇠약해졌다. 저항력을 잃은 육신으로 온갖 병균이 침투했다. 죽을 것 같았다. 죽어 없어진다면 고통도 사라지겠지만 죽을 것 같은 고통은 견뎌내기가 힘들었다. 나는 항생제와 소염제를 먹었고, 약의 과용으로 인한 부작용 때문에 배를 움켜쥐고 뒹굴었다.

"그래도 찾아서 읽어봐. 격양된 감정으로 썼던 자신의 글을 보면 부끄럽기도 하겠지만 공부도 되거덩."

후는 내가 보낸 편지들을 돌려보냈다. 나는 강가에 나가 편지들을 태웠다. 내가 그에게 보낸 마음들이 흰 재가 되어 하늘로 날아가는 양을 보며 내 육신도 다 타서 하늘로 날아가든지 강물에 띄워져 세상 끝까지 흘러가고 싶었다.

"공부야 되겠죠. 그렇지만 공부를 그런 식으로 하고 싶진 않아요."

"최근에도 그 남자를 본 적이 있니?"

아아, 선생님은 왜 자꾸 궁둥냄새 나는 묵은 상처를 들추어내는 것일까.

"작년에, 취재 갔다가 우연히 봤어요."

세미나였었다. 이튿째 날, 같은 버스를 탔었다. 후는 앞자리에 나는 맨 뒷자리에 앉았다. 한 뼘쯤 위치가 높은 맨 뒷자리에선 그의 뒤통수가 언뜻 보이기도 했다. 버스는 가을이 무르익어 온통 금빛으로 채색된 들길을 달렸다. 무르춤히 창 밖으로 시선을 던지고 있는데, 옆자리에 앉아 있는 이 선생이 내게 물었다.

"무얼 생각해요?"

그는 딱히 건넬 말이 없기에 아무렇게나 운을 띄웠을 것이다.

"남자요. 남자를 생각해요."

나는 주마등처럼 흘러가는 창 밖 풍경에 시선을 띄운 채 조그맣게 대답했다.

"미워요?"

그는 짐작하고 있었다. 저 멀리 새의 깃털을 펼쳐놓은 것 같은 구름에, 완만한 곡선으로 내려와서 마을로 스며들어가는 산 날개에 허심한 눈길을 보내고 있어도, 내가 무슨 생각을 하는지 알고 있었다. 나는 대답 대신 그의 물음을 곱씹었다. 그가 미운가, 내가 진정으로 그를 미워하고 있는가. 갑자기 눈물이 흘렀다. 나는 그토록 작은 물음의 바늘에 찔려 속수무책으로 눈물을 흘려본 적이 없었다. 나 자신도 당황했지만 이미 숨이 막히도록 올라와 버린 울음이 삼켜지지 않았다. 더 당황한 건 이 선생이었다.

"남이 보면 제가 울린 것 같잖아요."

그가 손수건을 꺼내주었다. 정말 울고 싶지는 않았다. 그런 질문에 눈물이 나오리라고 상상도 못했다. 울음 끝에 딸꾹질마저 딸려왔다.

"그 사람에 대해선 모른 채 넘어가 주세요. 아직도 난 그 사람을 무연(無緣)하게 바라보지 못하겠어요. 그러나 언젠가는 길가의 나무처럼, 들길의 바위처럼, 저기 논 한가운데 서 있는 허수아비처럼 전혀 인연이 없는 사물인 양 바라보는 날이 오겠죠. 작년보다는 올해가, 재작년보다는 작년이, 재재작년보다는 재작년이 훨씬 견디기 편했으니까요. 제발 상처를 건드리지 마세요. 치유 기간을 연장하고 싶지 않아요."

내가 이 선생을 불편하게 한 것 같았다. 이 선생은 목적지에 닿을 때까지 이러지도 저러지도 못하고 손장난만 치다가 잠이 들은 척 눈을 감고 침묵했다.

후는 아직도 종종 내 꿈 속에 출현한다. 그와의 시간은 달콤했지만 꿈 속의 그는 달콤하지 않다. 꿈 속에서 그는, 얼굴을 주름으로 잔뜩 구기며 나를 비난한다. 나는 꿈 속의 그의 몸짓이나 억양도 고대로 흉내 낼 수 있다. 그와 사이가 한창 좋았던 시절에도 그는 이따금 그런 표정을 내게 보여주었었다. 왜 그는 내게 그런 모습으로 도장처럼 새겨져 있는 것일까.

하루를 우울하게 하는 꿈이 두 가지가 있다. 하나는 시험을 치르는 꿈이다. 중 고 대학을 시험으로 들어간 내 또래의 모든 사람에게 시험이란 가장 큰 스트레스였다. 십수 년을 시험에 시달렸으니 당연할 것이다. 시험 준비를 못했는데 시험 날짜가 임박했다거나, 밤새워 공부하다가 새벽녘에 잠깐 잠에 빠진 탓에 지각해서 아예 시험장에 입실도 못한다거나, 공부는 열심히 했는데 시험지를 받고 보니 풀 수 있는 문제가 하나도 없어서 꿈 속에서도 발을 동동 굴렀었다.

다음 하나는 후의 꿈이다. 꿈길에서 그를 마주치면, 다음 날 나는 어김없이 앓는다. 그는 감기의 바이러스처럼 온다. 혈관이나 뼈에 스며든 미세한 세균들이 육체의 신경가지에 침잠하여 기생하다가 어느 날 갑자기 사라져버린 시간을 상기시키는 것이다. 신열이 오르고 오슬오슬 떨리는 증상을 수반한다. 아니 어쩌면 꿈 속의 후가 먼저라기보다는 병의 예감이 먼저라는 편이 옳겠다. 미열 때문에 이불을 쓰고 누우면 몽환의 의식 안으로 그가 스며든다. 그와 나는 아름답고 즐거웠던 순간도 많은데, 그는 왜 내 기억 속에서 최악이었던 순간의 모습으로 문을 두드리는지 모르겠다. 그런 날이면 나는 그가 병마라도 되는 양 그를 떨쳐버리려고 무진 애를 쓴다.

나는 이만큼의 세월을 사는 동안 깊게 든 얕게 든 몇 번인가 연애에 빠졌었다. 그러나 이상하게도, 내가 누구를 좋아했던가, 내가 누구에게 상처를 받았던가, 아니면 내가 누구에게 상처를 주었던가, 고백성사하는 겸허한 마음으로 뒤돌아보면 오직 후밖에 보이지 않는다. 오직 후만을 사랑했던 것처럼, 오직 후만이 내 인생의 유일한 남자인 것처럼.

십대, 이십대는 눈부시게 찬란한 세대이다. 그 눈부시게 찬란했던 시절에 내 가슴에 획을 긋고 멀어진 남자들도 없지는 않았을 텐데, 젊음이 사라져버린 나이에 만난 후만을 눈부시게 기억하는 까닭을 알 수 없다.

내 주위의 친구들은 다 후의 존재를 안다.

"그이가 내게 전화를 안 하는 까닭은 말야. 내가 지금 어떤 상황에 있는지 모르기 때문이야. 그 사람은 아마도 내게 새 애인이 생겼을지도 모른다고 생각할거야. 자기가 나타나서 내 심기를 흐트러뜨리지 않겠다는 배려겠지."

내가 친구들에게 그렇게 말하면 그들은 입을 따악 벌리고 놀란 표정을 짓는다. 그리고 무슨 말인가를 하려던 입에 굳게 자물쇠를 채운다. 친구가 하려는 말은 뻔하다.

"꿈 깨. 그 사람은 널 잊었어."

그러나 친구들은 그런 말을 하지 않는다.

"그 사람이 나를 잊었든지 새로운 애인이 생겼든지 나하고는 아무 상관이 없어. 문제는, 내 마음에서 그를 몰아내지 못함이지, 그 사람 마음에서 내가 쫓겨났음이 아냐."

대신에 내가, 친구라기보다는 나 자신을 달래는 심정으로 위로하고는 했었다.

"남자에게서 받은 상처는 오로지 남자에 의해서만 지워지지. 그 사람이 소설 속의 주인공처럼 사랑에 불성실했다면 조금 못났더라도 널 성실하게 사랑해 줄 사람을 택해봐. 앙갚음도 되고, 후련해지기도 하거덩."

홍 선생님의 목소리가 귓전에서 와랑와랑 울린다.

"남자들이란, 특히 기혼자들은요. 성실하게 사랑하면 도망가요. 무서워해요. 오늘날까지 쌓아온 인생의 부가가치를 여자로 인해 잃고 싶지는 않은 거죠. 몰래 숨겨놓고 즐기기만을 원하죠."

남자에게 받은 상처는 정말 남자로 지워질까. 노아, 노아의 형상이 호수에 비친 그림자처럼 눈앞에 아련하게 그려진다.

"네 소설 속의 보미엄마라는 여자. 옷 갈아입듯이 남자 갈아치우는 여자 말이야. 그게 나아."

"그래도 의식이 바뀌지 않는 한 그런 식으론 연애가 안 돼요."

"내게도 그런 경험이 있었어. 내가 너무 좋아한 사람이 있었는데 그이 집 앞을 지나갈 때마다 치가 떨렸어. 나를 좋아해 주는 남자를 만나면서 시나브로 상처가 가시더군."

"정말로 가시던가요? 그리움이요? 마음에 몸에 각인된 상흔이요?"

"작가는 경험한 것밖에는 못쓰지."
전선을 타고 한숨 같은 홍 선생님의 웃음이 전해진다.
"경험한 대로는 안 쓰지만요."
내가 대들 듯이 선생님의 말씀에 토를 달고 나선다.
"요즘 소설은 어떤 걸 쓰는데?
"잡지에 연재 하나 있고, 신문 연재 준비하고 있어요."
"나만큼 신문 소설 많이 쓴 여성작가도 많지 않아. 신문 소설은 야하게 썼어. 야한 소설은 문학성이 떨어진다고 스승한테서 꾸중을 많이 들었지. 신문 소설은 남자들이 다 차지하고 여성들에게 안 빼앗기려 하지. 무어든 많이 써야 해. 야한 거든, 문학성에 치중하든, 많이 써야 그중에서 명작도 나오는 거야. 많이 열심히 쓰라는 말이 사랑이야."
홍 선생님은 선생님이 가입해 있는 문인회에 회원가입을 하라면서 전화를 끊었다.
나는 선생님이 내게 보낸 책을 들춰본다.
〈많이 쓰다 보면 명작도 나오고, 우선 쓰는 행복이 크답니다.〉
선생님이 친필로 써 준, 내게 보낸 사랑이다.
쓰는 행복…… 그렇지. 다른 행복은 개나 물어가라. 나는 '쓰는 행복' 하나만 붙들겠다.

Nobody knows

'수'는 오래 묵은 친구이다.

참으로 많은 시간과 공간을 공유했다. 언젠가 수와의 이야기를 소설로 써서 문예지에 발표했었다. 여주인공인 '나'는 혼자 사는 여자로 각색을 했고, 잘 포장된 선물꾸러미처럼 살기를 원하는 '나'가 운동권 학생으로 강제징집 당하는 '그'를 버리는 것으로 둘의 이별을 미화해서 소설이라는 틀 속에 넣었다. 재회의 장면도 그럴듯하게 조작했었다. 나는 수에게 '너와 나의 이야기'를 써서 발표했다고 알리지 않았고, 그도 그 소설을 읽었으면서도 내 앞에서 어떠한 언급도 하지 않았다. 제법 세월이 흐른 후에 그 소설이 실린 책을 수에게 건넸다.

"나온 지 제법 지났지만 내 작품이 실려 있어."

"읽었어."

"그런데도 나한테 아무 소리 않다니…… 소감이 어땠는데?"

"아무도 모를 거 아냐. 내가 주인공이라는 걸……."

"당연히 아무도 모르지. 우리만 아는 거야."

우리는 은밀하게 키득거리며 소주를 마셨다. 그러나 세

상에 영원한 비밀이란 많지 않다. 온 세상에 다 퍼진 소문을 정작 우리만 비밀이라고 믿고 있는지도 모를 일 아닌가. 노아와의 관계도…….

춤을 추기 위해서 구입한 시디가 있다. 플레이어에 걸면 첫 번째로 흘러나오는 곡이 '노바디 노우즈(Nobody knows)'이다. 나는 조그만 일에도 감동 받아 눈물을 훌쩍이던 나이일 적에 이 곡에 얽힌 사연을 들었다.

6·25 때 한국에 왔다가 끝내는 본국으로 귀환하신 스웨덴 분에게서 들었다. 박부상(朴富象)이라는 한국 이름을 지어 양복 안주머니에 한자로 새겨 넣고는 내게 자랑도 했었는데, 끝내 한국으로 귀화하지는 않고 훌쩍 스웨덴으로 가버리셨다.

그분은 주로 영어를 사용했고 나는 영어에 짧았기에 그분의 뜻을 내가 옳게 이해했는지는 아직 의문이다. 그분은 한국의 고전문학에 관심이 많았었다. 내가 종로서적에서 영역 춘향전을 구해드렸었다.

'노바디 노우즈'는 한국의 춘향전처럼 스웨덴의 설화라고 하셨다.

스웨덴의 작은 시골에 소년과 소녀가 살았다. 소꿉친구였던 둘은 철이 들면서 사랑했고 결혼을 약속했다. 전쟁이 일어나자 소년은 사랑하는 소녀를 고향에 남겨둔 채 전장으로 나갔다. 사랑하는 사람이 돌아오기만을 기다리던 소녀에게 비보(悲報)가 날아왔다. 소년의 사망통지서였다.

소녀는 애인을 잃고 통한의 세월을 보낸다. 그러다가 그녀는 자신의 비통을 달래주던 소년의 절친한 친구와 결혼한다. 죽은 첫사랑을 잊고 현실에 적응할 무렵에 소년이 기적처럼 살아 돌아온다.

 소년은 친구의 아내가 된 사랑하는 여인과 하룻밤을 보낸다. 바로 그 날 마을에서 살인사건이 일어난다. 소년은 살인용의자로 체포된다. 소년은 결코 자신의 알리바이를 입증하지 않고 단두대의 이슬로 사라진다. 소년은 목숨처럼 사랑하는 여인과 같이 한 시간을 그녀의 행복을 깨지 않으려고 자신의 목숨을 내놓는다.

 '노바디 노우즈'는 소년이 형장으로 끌려가며 부른 노래이다.

 아무도 모른다…….

 세상에는 완전범죄라는 영원히 사장(死藏)된 범죄가 있다. 그러나 완전범죄란 단지 세상에 노출되지 않았다는 뜻이다. 신마저 속일 수는 없을 것이다. 아니 신을 속였다 하더라도 자신을 괴롭히는 죄의식에서 벗어나지는 못한다.

 신은 인간들에게 간음하지 말라 하셨다. 종교는 마음의 간음까지 금한다. 마음의 간음까지 통회해야 한다. 이 시대에 인간들이 만들어놓은 법은 훨씬 너그럽다. 법적인 배우자가 간음의 증거를 들이댈 때만 효력을 발휘한다.

 이 노래를 들을 때마다 그 시대에는 간음한 남녀에게 어떤 벌을 내렸을까, 하는 의문에서 벗어나지를 못한다. 주홍글씨의 화인을 가슴에 찍었을까. 아니면 간통한 두 남녀를 저잣거리로 끌어내어 조리를 돌리고 돌로 쳐 죽였을까.

종교와 법 사이에 도덕이 있다. 옛날, 일본에서는 형이 죽으면 형의 아내가 동생과 살았고, 에스키모들은 친구나 손님에게 아내를 빌려주기도 했다. 그 시절에도 종교는 간음을 금기했다. 그러나 여자는 자식을 낳기 위한 도구였기 때문에 법은 눈을 감았다.

전쟁은 자주 일어났고 남자들은 전장에서 서로 죽이고 죽었다. 세력을 키우기 위해서는 전사가 필요했다. 전사는 자궁에서만 자란다. 법은 교활하게도 종족을 보존하고 세(勢)를 불려야만 할 경우에만 여자의 도덕성과 윤리의식에 눈금이 성긴 저울을 사용했다.

"우린 불륜이죠?"

노아가 한숨을 쉬며 내게 말했었다. 그에게는 깊은 신앙이 있다. 그의 번뇌가 내 가슴에 전율을 일으킨다.

"날 유혹한건…… 당신이에요."

예고된 파멸의 체적만큼 유혹의 탄성력은 누증한다. 누란지위(累卵之危)의 위험과 긴장을 수반하지 않는 유혹은 진정한 의미에서 유혹이 될 수 없다. 장난이다.

나는 그가 얼마나 십계명을 지키며 살아가는지 알지 못한다. 얼마나 금제(禁制)와 범기(犯忌)의 유혹을 끊어내고 있는지도 물론 알지 못한다. 내가 알고 있는 것은, 그가 어떠한 일이 있어도 주일미사참례는 거르지 않는다는 것, 두 명의 버려진 아이를 입양하여 기르고 있다는 것, 가톨릭신학대학교를 다니다가 일반 대학교로 편입했다는 것,

신부가 되지 않은 이유는 맏아들로서 대를 이어야 한다는 부모님의 뜻을 따르기 위함이었고 대신에 노아의 동생이 가톨릭 사제가 되었다는 것…… 등이다.

"운명이 우리를 얽었죠."

그의 음색엔 자조가 묻어 있다. 그의 갈등이 더 심화되는 것 같다.

"당신이 돌을 들어 나를 치세요. 피하지 않을게요."

나는 손톱을 물어뜯고 있다. 내친김에 덧붙인다.

"당신의 신앙이나 도덕이 시키는 대로 따르세요. 난 당신의 영혼만을 붙들고 지옥의 유황불로 떨어질게요."

그렇게 쏘아붙여 놓고선 나는 후회로 가슴을 쳤다. 현실을 외면 못 할 쪽은 노아보다 내 쪽이다. 배신하면 안 되는 현실이 있다. 인간으로 태어났기에 결코 일탈 할 수 없는, 마땅히 책임져야 할 세계가 나에게도 그에게도 있다.

그리고 노아는 한동안 전화도 없었다. 나는 참지 못하고 그에게 메일을 보냈다.

〈전화하지 않겠다고 전화하는 사람, 다시는 편지 보내지 않겠다고 편지하는 사람, 그리고 그만 만나기 위해서 만나는 사람…… 참 웃기는 사람들이에요.〉

나는 참 웃기는 사람이 되어 그의 연락을 간절히 기다렸다. 지속된 그의 침묵에 유치하기 이를 데 없는 내용의 문자 메시지를 쏘았다.

〈큐핏의 화살에 심장을 정통으로 맞았어요. 피가 흘러요. 지혈제를 보내줘요.〉

메시지를 받자마자 노아는 지혈제를 가지고 뛰어왔다. 그도 웃기는 남자로 내 앞에 다시 온 것이다.

'원'의 예언이 적중했다. 술은 또 마시게 되어 있고 취하게 되어 있고 전화하게 되어 있다고 했었다.

"보고 싶어요. 지금요."

노아의 목소리였다. 목련 꽃송이처럼 화(和)한 미소가 바로 곁에서 터지는 것 같다. 우린 헤어지기로 했었다. 결별은 그가 먼저 선언했었다. 전설처럼 안녕을 고했었다.

"나두요. 나도 보고 싶어요. 어딨어요?"

이게 무슨 짓이란 말인가. 심지가 빠져버린 사람들처럼 우린 함부로 버리고 함부로 취한단 말인가.

"물 좋은데요."

해독 불가능한 소음이 그와 나 사이를 방해한다. 어디선가 바람이 불어온다.

"그럼, 거기에 있지 뭐 하러 와요."

바람을 단두대에 세울 수는 없다. 나는 노아를 처형하고 싶다.

"양평에 있어요. 사십 분, 아니 삼십 분이면 갈 수 있어요. 지난번 그곳으로요."

"취했지? 운전하지 마. 내가 갈까?"

말이 끝나기 전에 전화가 먼저 끊긴다. 맥박의 고동도 암묵하고 쉼 없이 째깍거리며 지나가던 초침도 걸음을 멈춘 황량한 정적이 흐른다. 불씨만 남아있던 미지근한 희망에 불이 붙고 있다. 또 열두 시였고, 나는 칵테일바 이브에 있었다. 혼자서 '이브 스페셜'을 마시고 있었다.

 나는 총알처럼 이브에서 튀어나왔다. 달빛이 질척하게 깔린 도심의 아스팔트가 흰광목처럼 누워 있다. 나는 달빛을 밟으며 달린다. 희끄무레한 불빛이 하늘을 비질하며 늘어선 가로수 우듬지를 훑더니 어느새 허리를 자르듯이 내려온다. 헤드라이트 불빛을 받아 버드나무 가지들이 괴기하게 흔들린다. 뒤를 돌아보니 빛의 깔때기를 밀며 차량 한 대가 두 눈을 부릅뜨고 달려오고 있다. 공룡처럼 거대한 컨테이너 운반 트럭이 굉음과 함께 회오리바람을 일으키며 몸에 바짝 붙어 지나간다.

 "이 여자, 죽을라고 환장했어?"

 트럭 운전사가 내뱉는 상스러운 욕설을 못들은 척 나는 노아와의 약속장소로 달린다.

 나는 기대의 풍선을 띄웠었다. 애달픈 추회(追懷)로 무수한 나이테의 동심원을 그리면서 하늘 높이 풍선을 띄웠었다.

 "노아……."

 나는 노아를 불러본다. 휘파람 입김을 안고 떠난 노아는 후루룩 날아 귓등에 내려앉는다. 못 달아났어요. 다시 왔어요. 받아주실 거죠? 지난번 강가에서 내게 속삭이던 노아의 목소리가 이명으로 귀에서 왱왱 운다. 내 귀는 환청의 흔적까지도 잔인하게 기억한다.

 잔잔한 수면에 문득 떠오른 부표처럼 그가 온다. 부드러운 잿빛의 비둘기 같은 어둠을 뚫고 허상인 듯 나타난다.

"다시 오기만 기다렸어요."

이별의 고난은 만남의 행복을 예고한다. 빛이 강하면 그림자가 짙듯이 그를 열망하던 내겐 환희가 크다.

"나도 몰라요. 지금 내가 왜 여기 있는지."

그는 알코올로 씻은 입술로 말한다. 그는 자신의 의지가 아니라 술에 등 떠밀려 왔다. 어쩔 수 없는 취기로 그의 고개가 가슴팍에 묻힌다.

"지워요? 잊어요? 당신을 기억하지도 말고 앞으론 우연히 만나도 아는 체도 말아요?"

나는 그가 시간의 오류를, 내게 띄웠던 결별의 언어를 시정해 주기를 바란다. 그는 내 등을 도닥여 주고 짧게 입맞춤해준다. 박하수(薄荷水)로 입안을 헹군 듯한 냄새가 난다.

"우린 만나지 말아야 해요."

노아는 내 기대를 여지없이 무너뜨린다. 눈물로 점점 시야가 흐릿해져온다. 두 주먹으로 움켜쥐었던 모래가 손가락 사이로 흘러내리듯이 온몸의 기운이 한 톨도 남지 않고 다 빠져나간다. 걷잡을 수 없이 눈물이 쏟아진다. 가슴이 미어진다.

왜, 라고 노아에게 묻고 싶다. 그러나 나는 말을 삼킨다. 왜, 라니……. 만나야 할 이유가 백 가지라면 만나지 말아야 할 이유는 천 가지는 될 것이다.

"조금만 울 거예요. 조금만 울고 나면 괜찮아질 것 같아요. 나, 내버려둬요."

돌이킬 수 없는 낡은 슬픔에 새로운 눈물이 왜 나오는 것일까. 눈물은 슬픔의 말없는 언어이다. 나는 내 마음을 눈물이 통역해 주기를 바란다. 머릿속에 엷은 안개가 낀 듯하다.

 손수건을 꺼내 잠깐 눈물을 훔치는 사이 노아는 연기처럼 사라졌다. 그가 앉았던 옆자리는 아직 그의 체취와 허전한 비애가 남아 있다. 다시는, 다시는 노아가 안 올 것만 같다.

 지금 나는 그가 집에 무사히 들어갔는지, 다음 날 아침에 속풀이 해장국이나 들었는지 걱정되고 궁금하다. 그래도 차마 내 손으로 전화를 걸지는 못하고, 휴대전화의 수신감도를 나타내는 안테나가 몇 개나 세워져 있는지 세어만 본다.

불꽃, 사랑의 찬가

 박 선배의 딸 결혼식에 갔다. 결혼식으로는 조금 이른 시각이다 싶은 오전 열한 시였고, 결혼식장은 연대동문회관이었다.

 아침에 일어나 샤워를 하고 미장원에 들러 머리를 매만지고 달려갔다. 결혼식을 빛내주기 위해서라기보다 그곳에서 만날 다른 분들에게 단정하게 보이기 위해서였다.

 봄에 연세대 안으로 들어와 본지도 꽤 된다. 정말 오월은 계절의 여왕임이 피부로 느껴진다. 말갛게 씻긴 나뭇잎이 초록으로 살아나고 꽃들은 간지러워 웃음으로 피어나고 있었다. 땅은 무른 피부를 열어 새순에게 길을 내주고 나무는 가지를 흔들어 바람이 지나는 길을 틔우고 있었다.

 축의금을 전하고 식장에 들어가려는데 뒤에서 어깨를 치는 손이 있다. 돌아보니 친분 있는 소설가 선생님들이 모여 있다. 식장에는 얼굴만 들이밀었다가 식당으로 몰려갔다. 이른 점심을 먹으며 오랜만에 서로 안부를 물었다.

 선배와의 인연도 손꼽아보니 벌써 이십 년이 넘었다. 선배는 몇 년 전부터 고향에 오두막이라고 부르는 집필실을 짓고 칩거하며 창작에만 전념하고 있다.

"신부보다 엄마가 더 이쁘면 어떡해요?"

하객들에게 인사를 드리러 연회실로 들어선 선배의 한복을 입은 자태는 눈부시게 아름답다. 꽃분홍색 치마에, 저고리에는 나비가 어지러이 날아다니고 있다. 창백한 분홍색 저고리에 얹힌 얼굴이 꽃송이 같다.

"우리 좀 만나자. 서로 시간 내서 만나서 얘기도 하고."

선배는 내 손을 꼭 잡고 놓아주지 않는다.

"얘, 근데 나 낼 시골로 내려가야 해."

"집필실은 새로 지었어요?"

선배는 지난여름 해일에 집필실오두막이 주저앉아서 잠시 서울에 올라와 있다.

"그 일 때문에……."

그녀는 나 말고도 다른 사람의 축하도 받아야 했기에 나와 더 많은 대화를 나눌 수가 없었다. 누군가 광화문 무슨 기원에선가 다른 소설가들을 만나기로 했으니 같이 가자고 꼬드겼지만 뿌리치고 집으로 차를 몰았다.

서강대 앞을 지나다 보니 차의 연료탱크 경고등에 빨간 불이 들어온다. 기름을 채우고 세차도 해두어야겠다는 생각에 동네의 단골 주유소에 차를 세웠다.

자동세차기 앞에서 차례를 기다리는데 성긴 빗방울이 든다. 여우비가 지나가려나 보다. 열 지어 서 있던 차들이 차창에 떨어지는 빗방울을 보고는 차의 방향을 바꾼

다. 죽지가 부러진 새들이 곤두박질치듯 후드득 굵은 물방울이 추락한다. 빗물을 와이퍼로 몇 번 쓸어내다가 나도 차를 돌린다.

나는 여의도 안을 돌아다닐 때는 주로 걸어서 다닌다. 주차요금이 너무 비싸기 때문이다. 길옆의 공영주차장 관리인은 삼십 분 만에 삼천 원을 강탈해 간다. 택시를 타고 나와서 일을 보는 편이 싸게 먹힌다.

그렇지만 토요일 오후 세 시부터는 무료로 주차할 수가 있다. 주차요금을 징수하는 관리인도 주말을 즐기러 일찍 퇴근한다. 나는 괜히 삼천 원을 버는 것 같아 아무 곳이든지 차를 세우고 싶은 마음이 굴뚝같이 솟는다.

오래된 노포 LP레코드와 시디를 파는 가게 바로 앞의 도로가 비어있다. 하얀 주차선이 나를 손짓한다. 차를 끼워 넣고 안으로 들어갔다.

나는 드라마 「불꽃」의 테마음악 시디를 사고 싶었다. 카드를 긋고 시디의 셀로판테이프를 뜯었다. 플레이어에 걸어 달라고 했다. 언젠가 운이 나쁘게 불량 시디를 산 적이 있었는데 표면이 휘어서 메신저에 들어가지도 나오지도 않게 끼어버렸다. 트렁크 속의 메신저를 교체해야만 했던, 손재수를 당했다. 그래서 시디의 상태를 테스트하는 버릇이 생겼다.

카운터에 있던 젊은 여자가 플레이어에 시디를 삽입하고 내게 헤드폰을 씌워준다.

-내게 찾아온 단 하나의 사랑, 잠긴 내 몸을 흔들어 놓는.

어디에서 어디까지, 날 모르고 살았을까.

내게 찾아 온 단 하나의 사랑, 이렇게 올 줄 몰랐던 사랑

몰랐던 그댈 원했을 때부터 매일 만날 날들을 셌을지도

저 우리만의 세상에 영원히 함께

쉴 수가 없어, 사랑해도 모자란 사랑-

드라마 속의 지현과 강욱의 사랑을 반추하며 노래를 듣고 있었다. 나는 그저 나비의 날갯짓만큼의 작은 소리로 흥얼거리며 가사를 따라 부르고 있었는데, 세상에나, 진열대 위로 웬 머리 하나가 솟았다. 노아였다.

가게 안에는 대충 열 명쯤의 손님이 있었다. 열 평도 안 되는 공간에서 손님들은 어항속의 금붕어처럼 느리게 유영하고 있었다. 나도 헤드폰을 쓰고 있었지만 그들도 모두 헤드폰을 쓰고 음악을 고르고 있었다. 실내는 깊은 물속처럼 침잠되어 있었다.

토요일 오후의 손님들은 모두 나처럼 집에서 남편과 아이들을 기다려야 할 일밖엔 딱히 할 일이 없는 사람처럼 보였다. 아니면 데이트할 연인이 없는 외로운 젊은 청춘이거나. 노아는 그중에서도 제일 나른하고 게으르게 유영했다.

어제 노아에게 전화를 했었다. 전화벨이 한 번, 두 번, 세 번…… 열 번 울리고 나자 전화 안에서 여자 목소리가 튀어나와 전화를 받지 않는다고 했다. 십 분쯤 후에 다시 전화를 해도 똑같은 상황이었다. 노아는 내 전화를 받을, 내게 전화할 의향이 전혀 없는 것일까. 나는 미련을 버리

지 못하고 네 시간을 기다렸다. 저녁 설거지를 마치고 아홉 시에 전화했을 때 그는 자신의 가장 가까운 사람들 곁에서 전화를 받았다. 텔레비전 소리 같기도 한 전자음이 잠깐 들렸다가 작아졌다. 그는 빛나는 시간을 그가 소중하게 아끼는 사람들과 나누고 있었다.

"제가 연락드리겠습니다."

그의 목소리가 지붕에서 떨어지는 낙수처럼 맥없이 흘러내렸다.

"실례했습니다. 끊겠습니다."

참담한 기분으로 수화기를 내려놓았다. 내가 끊고 싶은 것은 전화가 아니라 내 손가락이었다. 내가 예의에 어긋나는 짓을 한 것일까. 나는 손톱을 질겅질겅 씹으면서 후회하고 자책했다.

아까 세차 순서를 기다리면서 그에게 전화했었다. 나는 어제저녁의 전화는 미안했다고 했고, 그는 몇 번이고 아니라고 했다. 그러나 황급히 전화를 끊었고 모든 게 단절되었다.

노아는 나를 못 보았는지 백 년쯤 숙성시킨 와인을 시음하듯이 음악 테이프를 고르고, 싱싱한 생선회를 겨자를 듬뿍 넣은 간장에 찍을까 초고추장에 찍을까 망설이는 미식가처럼 카운터의 젊은 여자와 고개를 갸웃거리며 농담도 나누고, 포장지의 하트 무늬를 이리저리 불빛에 비쳐 보다가, 구두코에 먼지가 앉았는지 세심히 살피고는, 나팔꽃의 줄기가 자라는 속도로 가게의 유리문을 밀고 나갔다.

소나기가 지나간 봄날 토요일 오후는 독하게 맑았고 나는 눈이 시어서 그의 등을 바라볼 수도 없었다. 허파에 바람이 들었는지 헛웃음이 피실피실 새어 나왔다.

 그가 사라지고 난 뒤에 헤드폰을 벗었을 때는 '휘트니 휴스톤'의 청량한 목소리가 검푸른 해류처럼 실내에 흐르고 있었다.

 그가 내게 줄 수 있는 시간은 자투리 시간이다. 아니 그것마저도 아까운 것일까. 주유소에서 세차 순서를 기다리며 걸었던 전화를 받은 그는 산재한 일 더미에 치인 일벌레였다. 저다지 한가롭고 여유가 있는 신사는 그가 아니다. 적어도 내가 짐작하는 그는 아니다. 그에게 눈곱만큼도 소중하지 않은 존재가 '나'인 것이다. 분하고 억울했다.

 그가 개나리는 꽃이 먼저 피고 잎이 나중에 돋는다고 알려줬다. 푸른 이끼로 덮인 섬에 같이 가자고 했다. 바이칼 호에서 유람선을 함께 타자고 나를 달콤하게 유혹했었다.

 현명한 사람은 체념이 빠르다고 했다. 아이큐가 낮은 닭의 기억력은 3초 동안이라고 했다. 나는 현명해서 그를 쉬이 체념하고, 머리가 나빠서 내가 당한 모욕도 쉽게 잊을 것 같다. 짚북데기만 들어차 있는 기억의 곳간을 깨끗하게 청소할 수 있을 것 같다.

 「불꽃」의 테마 곡 '사랑의 찬가'를 듣고 있다. 그 시(詩) 같은 가사를 외우고 싶다. 그러나 내 나쁜 머리로 기억할 수 있을지 모르겠다.

운명으로 만났으면서도 현실을 외면 못해 갈등하는 두 연인의 모습을 불륜이라기보다는 시공을 초월한 사랑으로 표현한 「불꽃」을······.

나는 권총으로 쏘겠다

〈나는 언제부터인지 모르지만 새로운 버릇이 생겼습니다. 인터넷에 접속하면 형을 갈급하게 찾습니다. 형의 글이 실려 있는 동호회의 문학관으로 달려갑니다. 형을 만나기 위함입니다. 형의 문체는 너무나 유려합니다. 소설의 내용은 현실과 소설을 혼동하게 만듭니다. 그 완벽한 위장은 나를 질투의 화신으로 이끕니다. 때로는 분노하고 때로는 감동하면서 형의 글을 읽습니다. 그러면서도 의문을 버리지 못합니다. 정말 위장을 한 것일까, 아니면 위장을 가장한 진실을 털어놓는 것일까. 지금도 모르겠습니다. 글 속에 등장하는 다른 사내들에 대해 곰곰이 생각해 볼뿐입니다. '내 친구 중에 소설을 쓰는 목사가 있었다.'라는 대목에서 주변 사람들을 낱낱이 더듬어 봅니다. '남자친구와 키득거리며 쏘주를 마셨다'는 대목에서는 전율했습니다. 형이 프로 작가임을 인정하면서도 나는 글 속의 주인공과 그 남자친구가 실존의 인물인 것처럼 부러워합니다.

형의 소설은 늘 촉촉하고 생기가 있습니다. 만지면 습기가 느껴질 것 같습니다. 그래서 눈으로 보고 있는 것처럼, 만지고 있는 것처럼 독자를 현혹시킵니다.

누군가를 사모한다는 것은 즐겁습니다. 그것이 죄악일지라도 생각하는 자체만으로 쾌감의 절정을 맛봅니다. 손끝으로 느껴볼 수 있다면…… 말끝이 감미롭게 치솟는 어투의 목소리를 달팽이관을 통해 감지해 볼 수 있다면…… 등등의 속된 욕심으로 저는 모니터 앞에 앉아 있습니다. 언제쯤 연락이 닿을까…… 오늘은 접속할까…… 저는 둔한 미련을 뒤로 하고 천천히 아주 천천히 전원을 끊습니다. 내일이 있잖아…….〉

윗글은 나를 형이라고 부르는 '휘'의 편지이다.

휘는 나보다 여덟 살 연하이다. 호적이 잘못되었다고 죽어도 여섯 살밖에 차이가 나지 않는다고 우긴다. 팔 년이든 육 년이든 무슨 상관이란 말인가.

나는 신문기자나 방송사 피디와는 별로 어울리고 싶지 않다. 만나기를 청한 쪽에서 의당 밥값이건 찻값을 내야 하련만 그들은 당당한 얼굴로 계산대 앞을 휙 지나친다.

얼마 전 소설가들의 세미나가 열렸는데, MBC 방송국의 피디가 왔다. 2차로 간 술집에서 피디가 술값을 냈다. 그가 선수를 쳐서 계산했다.

"내 생전에 방송국 피디 술 얻어먹어보긴 첨이네……."

그 자리에 있던 분들이 모두 박수를 쳤다. 누군가는 자기의 자서전에 방송국 피디의 술을 얻어먹은 이야기를 기록하여 자손만대에 길이 물려주겠다고 했다.

휘는 방송사 피디이다. 문학상 시상식장에서 휘를 처음 만났다. 그는 행사장에 취재차 얼굴을 내밀었고 나는 초대를 받고 갔었다. 행사를 주관한 분이 그의 선배였고, 나하고는 막역한 동료였다.

첫 만남에서 나는 휘에게 말했었다.

"난, 피디나 기자라는 직업을 가진 사람은 기피해요."

"많은 분들에게서 그런 말을 들었어요."

훗날 그의 주변 사람들에게서 들은 말이지만 휘는 회사 안에서도 무서운 사람으로 소문이 나 있었다. 대단한 카리스마의 소유자라고 했다.

그런 그가 내 앞에서는 달랐다. 그는 예의 바르고 사려 깊고 매사에 조심스럽게 행동했다. 그의 신문사에 내가 칼럼을 쓰게 되면서 우리는 가끔 교외로 드라이브도 나갔고 짬짬이 식사도 함께 했다.

휘가 과거완료형의 남자가 되어버린 데는 몇 가지 이유가 있다.

나는 다섯 번의 편지를 보냈는데 휘에게서는 한 번 답장이 왔다. 나는 그의 성의 없음이 싫었다.

그와 저녁식사 하는 두 시간 동안 그는 부인에게서 온 전화를 네 번 받았고, 그가 두 번 부인에게 전화했다. 난 그날 체해서 다음 날 하루를 굶어야 했다.

나는 크리스마스에 그에게 만년필을 선물했는데 그는 내게 아무 선물도 보내지 않았다. 궁색한 형편이라면 능력이 없는 남자이기에 싫고 인색한 남자라면 밥맛이 떨어진다. 성의가 없다면…… 더 이상 언급할 가치도 없다. 마음이 가는 곳에 물질도 간다지 않은가. 나는 그의 접근을 막았다. 단칼에 그를 잘랐다.

내가 휘에게 말했었다.

"하느님에 대한 사랑의 실천을 알아요? 첫째는 기도에요. 둘째는 헌금이죠. 셋째는 노력봉사에요. 부모님에 대한 사랑도 마찬가지죠. 첫째는 마음이고, 둘째는 용돈을 드린다거나 선물로 사랑을 전하고, 셋째는 찾아가 뵙고 어깨라도 주물러 드리는 거예요. 남녀간의 사랑도 같지 않겠어요?"

이제 와 뜬금없이 저런 편지이나 보내는 휘가 어여쁘지 않다. 세 치의 혀로써 무슨 말을 못하랴. 농사도 공을 들여야 실한 열매를 얻는다. 우정이나 애정도 돈과 시간과 정열을 투자해서 키워야 한다. 휘가 밉다.

노아에게서 편지가 왔다.

편지함을 열기 전에 양치질을 했다. 가슴이 철렁 내려앉으면서도 아아, 이제는 후련해지겠지 싶어서 기뻤다. 나는 그가 힘들고 어려운 뜻을 전하기 위해 오래 주저했으리라고 짐작했다.

편지는 단지 안부를 전하고 있었다. 말미에 「요즈음은 회사일로 몹시 분주하답니다. 나중에 좋은 날 그간의 어려움을 얘기할 수 있기를 바랍니다.」라고 썼다.

절교의 다른 표현이라면 그는 너무 우회하는 것이다. 화가 났고 실소가 터져 나왔다.

나는 선명하고 명쾌한 성격을 좋아한다. 불이든지 얼음이어야 한다. 이미 자기 딴에는 결단을 내려놓고는 절차를 모색하는 암수를 쓰고 있는 노아가 밉다. 그는 나에게 상처를 덜 주기 위한 배려라고 스스로 착각하고 만족하고 있을지도 모른다.

  내가 만약에 사내로 태어났더라면, 내 이름에 '비겁'이라는 먹칠을 하지는 않을 것이다. 나는 상대를 권총으로 쏘던지 칼로 내려치겠다. 죽음에 이르는 고통은 거세지만 길지는 않을 것이다. 미량의 독극물을 매일매일 조금씩 주입해서 서서히 말라죽게 하지는 않겠다. 내 심장에 꽂힐 저주의 화살 또한 가혹한 형벌일 것이므로 오랜 시간 신음하고 싶지 않다. 나는 단번에 숨통을 끊어버리겠다.

  노아는 비겁하다.

여의도 번개

내가 '번개'라는 단어의 의미를 언제 알게 되었던가.

나는 육필로도 원고를 썼고 타자기도 썼었다. 그러다가 한 단계 발전해서 워드프로세서만 장착된 기계를 샀었다. 액정화면을 들여다보며 세상에 이렇게 신기한 요술 상자가 있는가 싶었다. 파지를 내지 않고 첨삭 수정이 가능했고 복사 저장이 가능하다는 사실이, 그런 기계를 내가 소유할 수 있다는 사실이 놀라웠다. 원고의 송고는 팩스로 했었다.

인터넷을 연결하게 된 동기는 원고의 전송 때문이다. 나는 인터넷을 익히는데 가장 손쉬운 방법을 택했다. 일명 채팅(chatting)이라고 일컬어지는 대화방의 대화를 통해서였다. 무작정 대화방에 들어가서 컴퓨터나 인터넷에 대해서 아는 체하는 사람을 붙들고 물어봤다. 대화방에서 만난 사람들은 대체로 친절하게 자신의 지식을 나눠주었고 나는 그들로 인해 발전했다.

골프동호회에 가입권유를 받은 것도 대화방을 통해서였다. 인터넷의 바다 안에는 헤아릴 수 없을 만큼의 동호인들

모임이 있다. 축구 농구 배구 등의 운동을 좋아하는 사람들의 모임, 술 좋아하는 사람들의 술동아리, 미식가들끼리의 뭉침, 여행을 좋아하는 사람의 모임, 직장생활을 와일드하게 하는 직장인들의 모임, 1억 원이 당첨되는 그날까지 돈을 모아 복권을 사는 복덩어리 모임, 압구정동 킹카퀸카들의 모임, 일요일을 신나게 보내자는 사람들의 모임, 이혼한 남녀들의 모임, 할리 데이비슨을 타는 사람들의 모임, 실연한 사람들의 모임, 홍차를 좋아하는 사람들의 모임, 도자기 굽는 사람들의 모임, 연예인의 팬클럽, 힙합과 브레이크 댄스를 추는 모임, 재즈 애호가들의 모임…… 이밖에도 열거할 수 없을 정도로 많은 동호회가 매일 탄생하고 소멸한다.

나는 골프동호회와 정신분석학 연구동호회에 가입했다.

우리 골프동호회의 첫 번개는 여의도에서였다고 한다. 여의도 수라청에서 열다섯 명이 모여 골프동호회의 발기식을 가졌다고 한다. 그 후, 윤중제가 열리는 봄엔 우리의 '동완 행님'이 벚꽃번개를 때렸고, 여름엔 강바람이 시원한 유람선 선착장의 간이 휴게실 앞에서 자주 작당을 했다고 한다.

나는 작년 여름 처음 여의도 번개에 참석했다. 이날 처음으로 얼굴을 본 사람으로, 진선미와 김운래가 기억에 남는다. 다른 몇 분은 수인사만 나누어서 얼굴을 익히지 못했다.

진선미는 댕기 머리나 쪽진 머리가 잘 어울릴 성싶은 고

전적인 미인이었다. 피부가 희고 눈매가 가름했다.

 인간을 관찰한다는 것은 매우 흥미로운 일이다. 그녀는 충분한 흥미의 대상이었다.

 그녀는 독주를 거침없이 들이켰다. 독주가 그녀의 혈관을 장악하는 데는 한 식경도 걸리지 않았을 것이다. 급작스럽게 혈관을 타고 번지는 도수 높은 알코올이 그녀의 뇌수에 파장을 일으켰고 그녀는 파고를 낮추려고 애쓰는 모습이 역력했다. 세워놓은 럭비공처럼 위태로워 보였고, 그 위태로움은 관찰자에게 스릴을 주었다.

 나에게 술이란 벗이지 적수는 아니다. 기쁨과 슬픔을 함께 나누는 벗이지, 공격해서 쓰러뜨리든지 내가 나가떨어지는 적은 아니다. 술처럼 매혹적인 벗이 세상 어디에 있단 말인가. 술과 사생결단을 내려고 덤비는 사람들에게 충고하고 싶다. 벗과 더불어 즐기고 벗에 취하라고.

 다음 날 진선미는 번개의 후기(後記)를 동호회 게시판에 올렸다. 글은 무척 치기어린 내용이었는데, 그래서인지 그녀의 존재는 내 머릿속에서 선명하다.

 김운래는 내 저서 『아담, 숲으로 가다』를 직접 서점에서 사가지고 와서 사인을 받았기 때문에 뇌리에 각인되어 있다. 골프동호회에서 내 저서를 직접 사들고 온 사람은 그가 처음이었다. 그날은 내 생일이었고 다음 날 김운래는 내게 늦었지만 생일을 축하한다는 편지를 보내왔다. 아 참…… 김운래는 찢어진 청바지를 입고 나왔었다. 나이가 궁금했다. 청바지를 공유할 만한 아들이 있을 것 같지는 않았다.

내가 저자 서명을 하면서 물었다.

"친구들이 어떻게 불러주죠? 웃네? 울래? 희비의 쌍곡선인데…… 자음접변이면 절라도가 맞듯이 울래가 맞지만요."

그는 보조개가 파인 볼을 귀까지 당기며 소년처럼 웃었다.

"운내, 웃네 쪽입니다."

그의 얼굴을 힐끗 올려다보았다. 그는 새벽 햇살 같은 눈빛을 가졌다.

김운래는 그 후에 골프동호회 문학관 게시판에 자작시들을 올렸다. 나는 그의 시를 눈여겨 읽었다. 그의 시를 읽을 때마다 그의 보조개와 새벽 햇살 같은 눈빛이 떠오르고는 했다.

오늘도 예전처럼 동완 행님이 소집령을 내렸다.

"나와."

막대기로 툭 쑤시듯이 명령한다.

"누가 나올 건데요?"

나도 강 속으로 날아온 공을 쳐내듯이 묻는다. 아무리 동호인들끼리의 모임이지만 생판 얼굴도 모르는 사람이라거나 나이 차이가 많은 사람들과의 만남은 꺼려진다.

"가족 떼어놓고 혼자 서울에 올라와 홀아비 신세가 된 명균이 하고, 철이하고 석이도 온댔고……. 그리고 여의도에 살든지 사무실이 있는 아그들한테는 다 연락했어. 옛날엔 동현이가 여의도 번개돌이였는데……."

"누가 여의도에 있는데요?"

"김재현이는 공치고 있다는데 올지 안 올지 모르겠고, 김운래는 접대가 있어서 곤란하다고 했고……."

"이촌동에 왕언니도 부릅시다요. 이촌동은 여의도에서 다리하나 사이고…… 동완 행님하곤 질투나게 친하잖아요."

동완 행님과 왕언니가 친하다는 사실은 소문난 비밀이다. 그렇지만 동완 행님은 왕언니 앞에서는 나이에 어울리지 않게 수줍음도 탄다. 왕언니에게 선뜻 전화를 걸 용기가 없을 것이다.

"그 할마씨, 서방님하고 미국 갔어."

그래도 왕언니의 행적을 추적하는 레이더는 돌리고 있었나보다.

"역시 천리안이셔요. 조폭의 똘마니들이 그런 정보를 다 물어다 주나요?"

"나만 천리안이야. 그 할망구는 내가 죽어도 모를 거야. 나한테 관심이 도통 없어."

풍문은 동완 행님과 왕언니가 사이좋게 골프연습장에 나타나서 공은 한 박스도 안치고 속닥속닥 정담만 주고받다가 어디론가 사라지더라고 전했다. 왕언니의 골프채를 땀을 뻘뻘 흘리며 닦는 동완 행님을 목격한 사람도 있다고 했다.

"차 놓고 갈 거죠? 여섯 시 오십 분에 거기서 만나요."

내가 동완 행님과 만나는 장소는 언제나 같다. 한화슈퍼 정문 앞이다. 정확하게 일곱 시 정각에 수라청에 도착했다. 이윤호는 수라청 입구에서 만났다. 그는 시간을 잘 지키는 신사이다. 윤호는 골프월례회마다 나를 카풀하러 올 정도로 친절하다. 그의 친절에 보답 못 해서 볼 때면 늘 미안하다.

미리 상을 차려놓은 방으로 들어서는 순간 숨이 멎는 줄 알았다. 입구를 등지고 앉아 있다가 인기척을 느끼고 일어선 사람이 있었는데 명균과 노아였다. 나는 노아와 똑바로 눈이 마주쳤다. 새의 부리로 톡 쪼는 듯한 비릿한 시선이었다. 비린내가 방안 가득 퍼지고 있었다. 그러나 다행히 아무도 노아와 나 사이에 퍼지고 있는 묘한 기운을 감지하지 못하고 있었다. 노아와 나 사이를 알지 못하는 명균이 노아를 소개했다.

"저하고 거래가 있는 분인데 어제 골동에 가입신청을 냈대요. 그래서 모시고 왔죠."

진열장 안에서 톡 튀어나온 마네킹 같은 명균은 당장 결혼식장의 신랑으로 입장한대도 손색이 없을 것 같다. 명균은 외모와 그럴싸하게 어울리는 브래드피트라는 아이디를 가지고 있다.

"반갑습니다."

노아가 내미는 손을 잡았다. 내 체온이 고집스럽게 기억하는 그의 체온이 건너왔다. 역시 뜨겁고 건조하다. 왜 기억은 머릿속보다는 오감(五感)에 더 깊이 박혀있는지 모르겠다.

누구도 비난할 수 없는 인류의 인간접촉의 한 형식이 있다면 그것은 악수이다. 인사할 때, 상호감정을 표현하는 손을 잡는 맛이 없다면 서명이 없는 증서를 받는 것과 같다. 눈으로는 보고 귀로는 듣고 코로는 맡는다. 손은 무엇을 하란 말인가. 악수라는 습관이 없다면 손은 거세게 반발할 것만 같다. 저절로 튀어나오려는 손을 억지로 잡아 가두기에는 주머니는 너무 헐렁하다. 앞섶의 단추는 이런 때 만지작거리려고 달아 놓은 물건이 아니다. 나는 가끔 악수 속으로 녹아든다. 손은 너무 표현력이 강하기 때문에 벌을 받아야 한다.

나와 악수를 나눈 사람은 내 손이 뜨겁다고 했다. 그럴 때면 나는 깍듯이 정중한 예(禮)를 갖추어서 손이 뜨거운 사람은 심장이 차갑다고 대꾸하고는 했다.

노아와 처음으로 악수하던 순간이 떠올랐다. 그의 손을 잡을 때까지 나는 나보다 더 뜨거운 손을 만나지 못했었다.

"손이 뜨겁군요."

노아의 손을 잡으며, 내가 숱한 사람에게서 들어왔던 대로 말했다.

"손이 뜨거운 사람이 냉정하답니다."

내가 숱한 사람에게 했던 소리를 메아리처럼 노아가 되돌려주었다. 손아귀가 아플 정도로 거세게 손을 흔들어 악수를 나눈다고 해도 뜨거운 마음이 건너오는 것이 아님을 나는 그때까지 깨닫지 못했다.

노아와 내가 단절된 지가 얼마나 되었는지 헤아려 본다.

지난달 박 선배 딸의 결혼식에 다녀오다가 시디가게에서 노아를 보았고, 그로부터 며칠 후에 회사일이 바쁘다며 나중에 만나자는 내용의 편지를 받았었다. 그리고…… 그리고는 잘 모르겠다. 나는 그의 비겁함을 비난하는 편지를 취중에 보냈을 것이다.

노아의 최후 편지를 받은 날은 바로 일주일 전이었다. 마지막임을 직감했다. 나는 한동안 편지함을 열지 못하고 방안을 서성거리다가 냉수도 한잔 마시고 커피도 새로 내렸다. 그래도 거세게 뛰는 맥동이 진정되지 않아 샤워를 했다. 면도 거품을 바르고 겨드랑이의 털도 밀었다. 기분은 조금도 상쾌해지지 않았고 더 이상 할 일도 없었다. 할 수 없이 편지함을 열었다.

〈……어떠한 변명도 당신에게 드린 상처를 치유할 수 없다는 생각에 더 이상 말씀은 드리지 않겠습니다…….〉

푸른 화면에 난파선의 파편 같은 글자들이 무심하게 떠 있었다. 맷돌이 가슴팍을 짓누르고 있는 것처럼 들숨도 날숨도 쉬어지지 않았다. 각오하지 않았던가. 예감하고 있지 않았던가. 이별의 전언을 귀로 듣지 않았을 뿐이고 이별의 전문을 눈으로 읽지 않았을 뿐이었지, 이미 막이 내렸음을 느꼈고 불이 꺼지기만을 기다리고 있지 않았던가.

〈……왜 끝은 이렇게 어둡고 아픈지 모르겠습니다. 다시 한번 진심으로 사과를 드리며…….〉

아직도 체증처럼 가슴에 걸려 있는 그의 마지막 편지의 마지막 구절이다. 나는 세 번을 꼼꼼하게 글자의 수를 세었다. 그리고 그의 편지를 지운 편지함으로 보냈다. 편지함 비우기를 클릭하기 전에 다시 한번 읽었다. 편지함이 비워지는 전자음이 불발탄 터지듯이 폭발했다. 한 방울의 커피도 남지 않은 잔을 핥고, 떨리는 손으로 담배에 불을 붙였다. 발작적으로 주소록에서 그의 등록정보를 삭제하고, 휴대전화가 기억하는 그의 전화번호를 지웠다.

들고 있던 커피잔을 벽을 향해 힘껏 던졌다. 커피잔은 통쾌하게 깨졌다. 주섬주섬 옷을 입고 밖으로 나갔다.

거리는 너무 화려했다. 은빛 비늘로 햇살을 튀기며 물을 차고 오르는 숭어처럼 녹음은 팔팔하고 싱싱하게 짙었다. 꽃의 향기에만 취하기에는 녹음의 도전이 지나치게 강렬했다. 아득하게 현기증이 일었다. 한 줄기 바람이 호사스런 꽃의 치맛자락을 들치었다. 바람에게선 비의 냄새가 났다. 나는 잔칫날 따돌림당한 퇴기처럼 서러웠다. 아무도 초대해 주지 않아서, 내가 갈 곳은 이브밖에 없었다.

"초저녁부터 어인 일?"

바텐더는 인사 한마디만 건네고는 맥주를 따라 주었다. 숨을 멈추고 맥주 한 컵을 입안에 다 털어 부었다. 맥주 네 병에 브랜디를 석 잔 마셨다.

밖은 비가 내리는지 출입문을 미는 손님들은 물이 뚝뚝 듣는 우산을 털면서 들어왔다. 비가 오면 하늘에 주기(酒氣)가 낀다는 친구의 전화를 두 통 받았지만 내가 술집에 있음은 감추었다. 친구를 만나 취하면 내 비통한 심정을 다 털어놓게 될 것 같아서였다.

노아가 내게 일방적인 별사(別辭)를 고함으로써 그와 나의 관계는 끝이 났다. 이제는 과거사다. 세인들이 불륜이라 질타할 과거사다. 그도 자신의 불륜을 밝은 빛 아래 노출하고 싶지는 않을 것이다. 세인들의 공개 재판에 끌려 나오고 싶지 않을 것이다.

 버릴 수 있다면 망각의 어두운 숲에 묻던지, 업보로 지고 갈 짐이라면 무덤까지 재갈을 물리라. 그래, 신의 심판대 앞에서도 나는 그의 이름을 언급하지 않으리라. 가슴을 도려내는 아픔은 혼자 견디리라.

 노아는 내가 골프동호회에서 활동하고 있는 줄을 안다. 나를 괴롭힐 목적이 아니라면 그는 내 앞에 모습을 드러내서는 안 된다. 오늘은 내 출현을 몰랐을 수도 있다. 그렇지만 골프동호회의 가입이라니. 만약에 그가 월례회라도 참석하게 된다면 우리는 언젠가는 골프 코스에서 부딪칠지도 모른다. 얼핏 마주친다 해도, 고장이 나서 버린 구형 시계 같은 무기물을 바라보듯 나를 바라볼 자신이 있단 말인가.

 나는 아니다. 나는 죽어도 그의 시선을 맞받아서 직시하지 못할 것이다. 깨진 애정이 우정이라고 했던가. 누군가가 어록에 그따위를 명언이라고 남겼다면 나는 비웃어 주겠다. 우정으로 식는 애정을 용서할 수 없다. 나는 사랑으로 영원하겠다.

 다 지난 일이다. 바보같이 나 혼자서만 젖은 장작을 태우는 듯한 매캐한 나날을 보내고 있다. 금기의 파괴를 종용하던 그의 손에, 나락의 함정으로 흡입하던 그의 시선에 다시금 온몸의 세포들이 아우성치며 깨어나고 있었다.

그러나 지금 이 자리에서는 연극이 필요하다. 그도 나도 흔연하게 시침을 떼어야 한다. 우리는 처음 만나는 사이처럼 덜 익숙하게, 서툴게 굴어야 한다. 나는 질근 입술을 깨물었다.

번개에 참석하기로 한 몇몇이 못 온다는 전화가 왔다. 수라청 주인이며 동호회 발기인이기도 한 정숙과, 노아를 포함한 여섯 사람이 탁자를 사이에 두고 앉아 있다. 음식이 나왔고 화제는 골프에서 주식시장의 침체로, 연예인의 스캔들에서 수상스키로 고삐 풀린 말처럼 뛰었다.

"난 울 남편을 흘겨보며 곰팡이 피겠네…… 이러죠."

어쩌다보니 대화의 방향이 부부간의 방사까지 흘러왔다. 남편에게 부부관계를 요구할 때 어떤 제스처를 쓰느냐고 동완 행님이 짓궂게 묻기에 내가 뻔뻔스럽게 대답한 말이다.

"그건 좀 심하다."

동완 행님이 혀를 끌끌 찬다.

"그래요 좀 심해요. 아내가 그러면 남편은 고개 숙인 남자 되기 십상이죠."

윤호도 나를 나무란다.

"여자는 두 종류로 나누죠. 앞에 놓고 바라볼 때 성욕이 솟는 여자와 그렇지 않은 여자……."

우리의 대화가 끊긴 틈새로 옆방의 대화 한 자락이 흘러들었다. 문이 열려 있었고 그들의 언성이 높았기에 모두의 귓속으로 파고들었다고 생각했는데 아무도 얼굴 붉히는 사람이 없다. 나만 들었나 보다. 여자를 다는 저울은

성(性)밖에 없다는 그들의 대화가 심기를 건드렸지만, 취흥이 도도한 남자들 입에서 나온 배설물인지라 참기로 했다.

그렇다면 여자는 남자를 저울질할 때 어떤 잣대의 눈금을 써야 할까. 나는 생각에 잠긴다. 비아그라. 그렇지, 비아그라다. 비아그라를 입살에 올리는 남자와 비아그라에 무관심한 남자로 나누어야 한다. 비아그라의 효능에 관심이 있는 남자는 이미 고개를 숙였을 확률이 높다.

남편은 그렇지 않다. 곰팡이 운운할 지경까지 부부관계가 뜸해지는 원인은 전적으로 나에게 있다. 아홉 시 뉴스와 스포츠 뉴스까지 끝나면 남편은 안방으로 들어가 노트북을 열고 바둑대국을 본다. 나에게 집필시간을 주기 위함이다. 나는 그 시각부터 서재에 박힌다. 늦은 밤, 남편은 아내의 작업을 방해하지 않으려고 서재의 문만 슬며시 열었다가 닫고 혼자 침실로 간다. 남편의 의도를 모르지는 않지만 나에게는 소설 쓰는 일이 무엇보다도 앞선다. 잘 풀리고 있는 작업을 중단하면 다시 맥을 이어가기가 어렵다. 남편과의 일은 내일도 있고 모레도 있지 않은가. 또한 새벽의 정사를 즐기는 맛도 자별하므로, 남편을 차순으로 미룬다. 남편에게 성실치 못함은 미안하다. 그러나 내 미안한 마음을 미리 헤아려 양해하는 남편에게 진정 감사하며 산다.

윤호나 동완 행님에게 설명을 하고 싶었지만 그냥 두기로 한다. 애초에 대화의 물꼬가 잘 못 터졌다는 생각이 든다. 노아 때문이다. 나는 그의 반응을 보고 싶었다. 그의 성생활을 엿보고 싶은 호기심이 작용했다. 그래서 일부러 천박하게 대화를 끌고 나갔다.

"참, 이름이 뭡니까? 아이디는?"

산패한 냄새가 풍기는 분위기를 동완 행님이 바로 잡았다.

"본명도 노아, 아이디도 노아입니다. 성경에 나오는 노아, 세상의 생명체를 구하는 임무를 부여받고 방주를 만든 노아……"

나는 당신의 노아, 라고 가만히 중얼거린다. 강가에 앉아 진한 키스를 나누고 난 다음 날부터 그는 '당신의 노아'이라는 서명을 넣은 편지를 보내왔었다. 당신의 노아…….

"이름이 참 좋네요. 한 인물 날 작명인데요."

윤호가 감탄한다.

옆방의 손님들이 자리를 뜨는 것 같다. 옆방의 얘기가 건너왔듯이 우리의 말소리도 건너갔으리라. 술이 오른 붉은 얼굴의 사내가 우리 방을 힐끗 넘겨다보며 구두끈을 묶는다. 수라청 주인이 손님을 배웅하고 들어온다.

"내 이름은 어때요? 사십만 원이나 주고 바꿨어요. 아영이……. 앞으로는 정숙이라 부르지 말고 아영이라 불러주세요. 여러 사람이 불러줘야 이름에 효험이 생긴데요."

모시 한복을 날아갈 듯이 차려입은 정숙의 아니 아영의 자태가 곱다. 웃음도 풋풋하다. 젊음이 있다.

노아는 청소년들 사이에서 유행하는 머리 모양으로 옆머리와 뒷머리를 상큼하게 쳐 올렸고 풀색의 양복을 입었다. 양복보다 조금 더 맑은 색의 와이셔츠에 진한 쑥색의 넥타이를 맸다. 오늘도 나는 그의 푸르름에 주눅이 들어 있다.

스물아홉도 못 되었던 나이일 적에 나는 일기장에 적고는 했다.

〈나는 스물아홉으로 생을 마치리라.〉

젊음이 없는 인생은 향유 할 가치가 없다고 믿었었다. 지금 뒤를 돌아보면 삼십대는 황홀한 불꽃이었다. 십 년 뒤에, 오늘을 반추하며 똑같은 회억을 할지라도 나는 지금의 내가 젊다고 인정할 수 없다.

"우리 집에 자주 오던 골동 초창기 멤버들 요즘도 골프 열심히 쳐요?"

옛날이 그리운가 보다. 턱을 고이고 얼굴을 바짝 들이대는 아영의 눈가엔 가느다란 새발자국이 보일 듯 말 듯 찍혀 있다.

"다 잘 있죠. 참 우성이는 사업이 번창해서 공장도 지었다는데. 도나쓰공장."

"그래? 그럼 우리 우성이네 공장 한 번 놀러가자."

동완 행님이 바람을 잡는다. 나도 우성을 본 지가 오래되었다. 도넛 대리점 개업식에서 잠깐 인사를 나누었다.

"행님이 가신다면 제가 언제라도 모시죠."

명균은 우성과도 친하다고 들었다. 아니 우성의 형인 태성과 친구라고 했다.

나는 탁자 밑에서 닿아 있는 노아의 발 때문에 식은땀이 난다. 노아도 거북한 듯 발끝을 오그린다.

"김 작가도 가야죠. 김 작가하고 우성이 하고는 만리장성을 쌓았잖아요."

명균은 낯빛도 바꾸지 않고 천연덕스럽게 군다. 짓궂음은 죽마를 타던 코흘리개 개구쟁이 때부터 사내만의 전유물인가보다. 순간 노아의 눈동자가 커진다. 닿았던 발이 움찔 오므라든다. 탁자가 삐걱거린다. 그의 눈동자가 계속 부풀고 있다.

나는 김우성의 이름을 내 소설 속의 주인공 이름으로 차용했었다. 유부녀인 '나'와 유부남인 '김우성'과는 내 자작 소설 속에서 정사를 나눈다. 이름만 차용했을 뿐이지만, 김우성이 실제 인물임을 모르는 사람은 노아 뿐이다.

"단 둘이 커피 마셔본 적도 없는 남자와 그런 오해를 받는 건 좀 억울한데……."

내가 각단지게 가르마를 타는데도 노아는 의심에서 헤어나지 못하나 보다.

"그랬어요. 그때 재미있었어요. 김 작가는 명균이의 젖꼭지도 봤다고 실토했잖아요."

윤호가 장난스럽게 맞장구를 친다. 노아는 여전히 믿을 수 없다는 표정이다. 이쯤에서 명균이 나서서 모든 사건이 내 소설 안에서 일어났었다고 설명을 해 주었으면 좋겠는데, 부채질만 하고 있다. 나보다 더 당황하는 노아의 꼬락서니가 눈에 띄지 않나보다.

"명균이의 젖꼭지를 정말 봤어요?"

순진하게도, 노아가 잿빛 숨을 뿜으며 묻는다. 화가 나 있다는 증거다.

"둘이 그런 사이라니까요. 명균이 마누라가 둘 사이를 의심해서 나한테까지 이것저것 물어봤어요."

내가 사건의 전말을 얘기하려는 찰나 윤호가 가로막고 나선다. 윤호는 참을 거짓처럼 거짓은 참처럼 말하는 재주가 있다.

"참 이분이 작가셔. 소설에다가 우리 회원들 이름을 써 먹은 거야. 근데 자네는 안색이 왜 그래."

짓궂기로 서열을 먹이자면 동완 행님도 등수 안에 드는데 그래도 오늘은 연장자답게 신입회원에게 자상하게 설명을 한다.

"아닙니다. 회사에 좀 안 좋은 일이 있었어요. 명균씨는 알고 계시는데 승소를 확신했던 거액이 걸린 소송에서 패소를 했거든요. 이 자리는 제가 참석할 자리는 아니지만 명균씨가 동호회 분들 얼굴이나 익혀두라고 권해서……."

노아가 손사래를 젓다가 탁자 위의 술잔을 친다. 술잔이 쓰러지면서 술이 쏟아진다. 탁자 위로 흘러내린 술은 그의 바지까지 적신다. 탁자에서 빙그르르 한 바퀴 돌던 술잔이 바닥으로 떨어지면서 맥없이 깨진다. 아영이 얼른 냅킨을 한 움큼 뽑아 술을 닦아 낸다. 아영이 냅킨을 뽑아 술을 닦고 깨진 술잔을 치운다. 바지 앞자락에서 유리 파편을 집어내던 그가 낮은 비명을 지른다. 깨진 유리에 찔렸는가보다.

"누구에게 원한 살 일 없었어요?"

손가락을 빨고 있는 노아에게 내가 묻는다. 소주 석 잔을 마시면 나는 취기에 젖는다. 수다스러워지고 객기도 생긴다.

"평소에는 저지르지 않던 실수가 갑자기 잦아진다거나, 자잘한 불운이 연거푸 발생하면, 자신을 반성해 보세요. 미세한 충격에 술잔이 넘어졌고 어이없이 깨져버렸어요. 이길 줄 알았던 재판에서 졌구요. 누군가 노아 님을 저주하는지도 모르죠."

나는 독이 묻은 화살을 날리듯 혀를 놀린다. 그러나 내가 악마와 야합했다고 말하지 않는다. 나는 하느님께 기도했었다. 그가 돌아오게 해달라고. 하느님은 고개를 저었다. 나는 악마에게 빌붙었다. 악마는 내 저주의 기도를 들어줄 것이다. 진정한 악마라면 악마 본연의 임무를 수행하지 않겠는가.

나는 노아의 눈이 조리개가 열리는 모양을 놓치지 않고 바라본다. 뺨에는 잔소름이 돋아나고 있다. 나는 촛불을 불어 끄듯 작은 한숨을 내쉬며 그의 눈을 피한다.

"밤이 이슥한데…… 가야 하지 않아요?"

화장실에 다녀오다가 보니까 손님은 우리 일행뿐이다. 어깨에 피곤을 걸치고 있는 종업원들을 봐서라도 우리는 이 자리를 파해야 한다.

여기서 노아를 놓치면 영영 그의 체취마저 맡을 기회가 안 올 것 같다. 우연은 자주 일어나지 않는다. 노아는 내게서 떠났지만 나는 그를 보내지 못했다. 전화벨이 울릴 때마다 그의 전화일지도 모른다는 기대를 포기한 적이 없다. 한밤중에 두 번이나 찾아왔듯 노아가 다시 오지 말란 법도 없다. 아직 나는 미망의 굴렁쇠를 굴리고 있다.

명균도 노아도 차를 가지고 오지 않았다고 했다. 건너오는 잔을 거부하지 않은 둘의 얼굴은 노을처럼 붉다.

"어떻습니까? 한 잔 더 할까요?"

풍선처럼 부푼 내 소망을 명균이 대신 표현해 준다.

"오늘은 여기서 끝내겠습니다."

풍선이 허공에서 터져 버린다. 노아는 단호하게 자리를 털고 일어선다. 불빛에 비치는 그의 표정은 냉혹하게 차다. 역시 손이 뜨거운 사람의 가슴은 빙산처럼 녹지 않는가 보다. 일말의 미련을 가졌던 내가 바보다. 어리석다.

나는 얼음을 띄운 냉수를 벌컥벌컥 들이킨다. 얼음을 잇새에 넣고 와작 으스러뜨린다. 그래도 목구멍이 타는 듯한 갈증과 온몸을 떠도는 열기는 가시지 않는다.

접속

너의 아이디와
혀 빼물고 통간하려고
키보드의 비늘눈을 두드려 깨운다.
우뚝 막아서는 황량한 모니터
핏줄 같은 마우스의 궤적
너의 발씨가 익은 길목에
어설픈 덫을 놓고
속절없이 몸을 푸는 시계바늘과
시시덕거린다.
서슴없는 희롱
자지러지는 청맹과니의 파안대소
앞질러 떠난 문자들은
도르래 우물깊이 두레박을 내려
시린 샘물 같은 은어(隱語)를 긷는다.
어두워서 안 들려요. 촛불을 밝힐까요?
빗장 걸린 너의 아이디를 노크하며
나는 전희에 전율한다.

(당신을 사랑해요……)
도끼 되어 날아와 정수리를 내려찍는
부러진 소리의 잔해
마른 장작처럼
쩌억, 두 쪽으로 쪼개진
우리의 거짓말은
막을수록, 발 없어도 천리를 달려
열린 귓속에 더께로 앉는다.
모니터의 밤바다엔 여전히 병든 파도의 신음
사유가 깊어 스스로 무너지는
오래 비어 있는 그물
매운 콧날로, 나는 시치미를 떼고
QUIT를 클릭한다.
전원만 끊기면 전혀 다른 세상
젖은 속옷을 갈아입듯
너무 쉬운 전향
돌아서는 너는
더 걷어낼 그림자도 없다.

LOVE of my life

 차의 시동을 걸고 라디오를 켠다. Queen의 'Love of my life'가 흘러나온다. 아침에 라디오에서 좋아하는 노래를 듣게 되면 그날 하루는 기분 좋은 일이 연속될 것 같은 예감이 든다. 오늘은 새로운 장소에서 새로운 사람을 만나 새로운 계약을 할 예정이다.
 두 달 전쯤이던가, 모 신문사에서 원고청탁이 왔다. '골프를 소재로 한 콩트'를 써달라고 했다.
 작년에도 다른 신문사로부터 같은 청탁을 받았었다. 소재를 골프로 한정한 콩트를 일주일에 한 편씩 써낼 자신이 없어서 좋은 기회였지만 거절할 수밖에 없었다. 시간이 흐르면서 나의 능력 부족에 자괴심이 들었고 쉽게 찾아오지 않는 기회를 놓쳤다는 아쉬움에 속이 켕겼다.
 나는 반성했다. 내가 부끄러워해야 할 나의 성정은 능력 부족이 아니라 태만임을 깨달았다. 이 각박한 세상에서 누군들 그만한 노력도 없이 살고 있겠는가. 그 육니를 떨치느라 이를 물고 자판을 두드리다 보니까 스무 편의 콩트가 만들어졌다. 더 써낼 자신이 없어 머리에 쥐가 내리긴 하지만 무식하고 용감하게 신문사의 청탁을 접수했다.

6월 23일이 창간이라고 했다. 6월 29일부터 매주 목요일마다 내 작품이 '그린콩트'라는 표제어로 실린다고 했다.

가버린 노아에게 이 소식을 전하고 싶다. 그리고 그의 격려를 받고 싶다. 그가 응원해 준다면 나는 사력을 다해 뛸 것 같다.

내가 만약 나와 내 가족의 생계를 책임져야 한다면, 나는 문학을 아직껏 붙들고 있었을까. 답은 부정적이다. 모든 예술 중에서 학문이라는 학(學)자가 붙은 예술은 문학뿐이다. 그러나 도대체가 밥이 안 되는 학문이다. 오로지 원고지의 칸을 메운 수입만으로 중류의 생활을 영위하는 작가의 수가 한국에선 겨우 두 자릿수로 그친다. 그럼에도 불구하고 내가 그다지도 목매달고 있는 까닭은 뭘까. 호랑이가 가죽을 남기듯이 이름을, 작품을 남길 수 있어서일까.

식욕이나 성욕처럼 인간의 본능적 욕구 중에는 자기 현시욕이 있다. 자기 현시욕이야 말로 원초적 본능이다. 숫공작이 꼬리깃털을 펼쳐 뽐내고, 꽃이 방향을 뿜고, 여인네가 화장을 하는 등의.

노아에게 나를 보여주고 싶다. 그는 팬으로서 내 앞에 서서 나를 존경한다고 했다. 그는 내 소설 속의 몇몇 문장을 암기하고 있었다. 소설 속에서 아니 현실에서도 자신을 인정해주는 사람을 위해서 목숨을 버리는 얼간이는 얼마든지 등장한다. 노아의 '존경'이라는 단어가, 한낱 수컷이 암컷에게 던지는 미끼라 해도, 당의(糖衣)를 입은 독약이라고 해도 나는 삼키고 싶었다.

나는 팬을 자처하고 접근하는 남자를 경계해왔다.

첫 소설집을 출판하고 얼마 안 되었을 즈음이었다. 대전을 다녀오다가 정지신호에 걸려 차를 세웠다. 장거리 운전으로 나는 피곤에 절어있었다. 브레이크에서 발이 미끄러지며 차가 저절로 앞으로 굴러갔다. 앞차를 받았다. 운전면허증을 보여주고, 차의 찌그러진 부분을 사진으로 남기고 전화번호를 건네주고 헤어졌다.

며칠 후에 그 남자가 나타났다. 자동차 수리비 청구서를 들고 올 줄 알았는데, 커다란 꽃다발과 한 말들이 캘리포니아 산 포도주통을 메고 왔다.

그 남자는 국문과 교수이자 평론가인 형의 연구실에 갔다가 내 저서를 봤다고 했다. 그 남자는 오퍼상이었고 그가 수입하는 품목 중에 포도주도 있었다.

나에게도 팬이 생겼다는 사실이 황홀했다. 친구를 데리고 나가서 같이 점심을 먹었고 그가 다시 찾아왔을 때는 남들의 눈을 피해서 자리를 마련했다.

그에게선 장사꾼 냄새가 났다. 그의 지상목표는 돈이었다. 대화의 공감대가 없었다. 점심을 먹고 커피를 한 잔 마시는데 두 시간쯤 걸렸는데 나는 그의 눈에 안 뜨이게 하품을 불어 끄며 앉아 있었다.

"아무리 독자라고 해도 남자와 단둘이 만나는 건 좋지

않다는 생각이 들어서요."

그의 세 번째 전화는 집에서 저녁식사 도중에 받았다. 나는 가족들의 눈치를 보며 냉정하게 말했다. 내 작품을 통해서만 나를 읽어달라고 덧붙이고 전화를 끊었다.

그 후로도 비슷한 일이 몇 번 더 발생했지만 나는 똑같이 대처했다. 팬은 팬의 위치에 두었다.

아아…… 나는 자가당착에 빠져있다.

나는 팬이라고 자처하며 접근하는 남자를 경계하고, 팬은 팬의 위치에 둔다고 선언했었다. 그러나 노아는 팬으로서 접근했고 나는 그와 사랑에 빠졌다.

지난겨울 읽을 만한 책을 사러 서점에 들른 노아가 팬사인회를 하는 내 저서를 사서 서명을 받아갔다. 그가 독후감을 보내왔고 내가 답장을 보냈다. 그가 뵙고 싶다고 했고, 나는 그의 부름을 기다리기라도 했다는 듯이 달려나갔다. 어쩌면, 내가 그에게 반했다는 말이 맞을 것이다. 노아는 우리의 만남을 '예측할 수 없었던 사고'라고 했다. 그는 해일처럼 왔다. 해일처럼 내 가슴을 사그리 훑어갔다.

봄이 막 여무는 지난 삼월이었다. 창 밖은 벚꽃 잎이 어지러이 흩날리고 있었다. 연분홍 꽃 이파리들이 실바람을 타고 나비처럼 날아다녔다.

나는 잠을 잘 때나 외출할 때만 컴퓨터의 전원을 끈다. 집필하다가 잘 풀리지 않으면 인터넷의 바다를 여행한다. 동영상도 보고, 소설도 읽고, 신문도 읽고 음악도 다운 받아 듣는다.

동호회 채팅방을 기웃거리며 노아를 찾아본다. 그의 존재를 알리는 메시지가 뜬다고 해서 내가 하는 일은 아무것도 없다. 단지 지금 그가 컴퓨터 앞에 앉아있으리라는 상상을 할 뿐이다. 그가 내게 말을 걸어오길 바라면서 모니터에 떠 있는 그의 이름자를 바라보고 있다.

나는 용건도 없이 걸려오는 전화는 딱 질색이다. 질긴 수다를 들어주려고 한 시간씩 수화기에 귀를 묻는 일은 정말 고역이다. 나도 긴한 용건이 없이는 전화를 걸지 않는다. 전화가 강제로 문을 밀고 들어오는 잡상인이라면, 통신상의 말걸음도 엄연한 불청객이다.

봄이 막 여무는 지난 삼월이었다.

=목요일 오후 네 시경에 얘기 나눌 시간 있어요?=

노아로부터 달랑 한 줄이 적힌 메일이 들어왔다.

오후 네 시경이 그도 나도 가장 한가한 시간이다.

나는 세 시 반경에 동호회 방으로 들어왔다. 우편함을 점검하고 동호회의 게시판을 읽어보고 소식란과 문학관을 훑는다.

나는 친구가 파일로 보내준 음악 '버스커버스커'의 '벚꽃엔딩'을 듣고 있었다.

"(-.-) (_ _) (-.-)"

모니터에 그의 인사가 떴다. 박하 향기가 퍼진다.

"o.?"

그의 인사에 화답하는 윙크이다.

"먼저 들어와 계셨군요."

"기다렸죠. 이곳저곳을 기웃거리면서요."

"사무실 밖의 날씨가 너무 좋아요."

"저희 집엔 강이 보이는 창이 있어요. 강물에 쏟아진 햇빛이 금가루처럼 반짝여요."

내가 지금 사는 집으로 이사를 온 까닭은 오직 강이 보이는 창 때문이었다. 나는 창가에 앙증맞게 올라앉은 화분을 바라본다. 아침에 물을 준 선인장은 관절을 곧게 펴고 키 돋음을 하고 있다.

"잠깐 바람이나 쐬러……"

나는 잠깐 키보드에 손을 얹은 채 노아의 다음 전언이 날아오길 기다린다. 날 보고 싶다고 말해주면 좋을 텐데.

"지금 창 밖을 보고 있나요?"

글자들이 차례로 날아와 모니터에 일렬로 줄을 선다.

"묶여있는 배를 볼 때마다, 배의 밧줄을 끊고 닻을 올리고 먼 바다로 나가고 싶은 욕구가 피어올라요."

나는 한숨을 쉬고 있다. 아마도 한숨은 그에게 전해지지 않으리라. 일주일을 꼼짝하지 않고 책상 앞에만 앉아있었다. 외출하고 싶다. 어깻죽지에서 날개라도 솟아주었으면 좋겠다.

"선생님과 얘기를 나누면 feel이 꽂혀요."

문자만의 의사전달은 오해의 소지가 크다. 몸짓도 표정도 목소리도 울림이 없다. feel이 꽂힌다는 말은 느낌이 울린다는 뜻이다.

"노아 맞아요? 혹시 다른 사람은 아니죠?"

노아의 아이디를 누군가가 빌려 입고 있는 듯한 우려가 든다. 아니 누군가가 우리의 밀어를 훔쳐보고 있을지도 모른다는 노파심에 잠시 불안해진다.

"선생님의 혀에 혓바늘이 돋은 걸 저 말고도 누가 또 아나요?"

그의 웃음이 모니터 안에서 공명한다. 갯솜동물의 해면질 같던 그의 혀의 감촉이 꼿꼿하게 살아난다.

"전 탈출할 겁니다."

노아에게서는 현실을 와해시키려는 음모의 낌새가 풍겼었다. 마치 면도 후에 바른 쉐이브 로션의 향처럼 바람이 불 때만 살랑살랑 끼쳐왔었다.

"탈출이라. 교외로 드라이브?"

"아뇨. 좀 더 멀리요."

"escape?"

"동참하시겠어요?"

그는 당돌하게 유혹하고 있다. 그와는 세 번 만났다. 우린 아직 친하다고 할 수 없다. 탈출에의 동참이라……. 그는 쓸데없이 혈기만 왕성한 무모한 성격의 소유자일까.

불현듯 관광안내 책자에서 보았던 몰디브의 해변이 파노라마처럼 펼쳐진다. 그리고 남미의 이과수 폭포, 오로라가 장관이라는 아이슬랜드…… 그러나 내 상상력의 범주는 컴퓨터가 허용한 시나리오에 한정된다.

"잠시의 한눈을 파는 일탈이 아니라, 떠나온 곳으로 다시 돌아오지 않는다면요."

엔터를 치자 문자들이 작은 새 떼처럼 노아에게 날아간다.

"별수없이 다시 돌아오곤 했답니다."

순간, 유토피아는 박제가 되어 새장에 갇힌다.

"현실에 길항하는 투사의 땀 냄새가 풍겼어요. 당신에게서는."

"투사요? 그래요. 한때는 투사였었죠."

제법 씩씩하게 들린다.

"운동권이에요? 기수였나요?"

"체포되기도 했었어요. 곧 풀려 나왔지만요."

"용감했군요. 전 아버지가 공무원이셨어요. 제가 대학에 들어갔을 때, 아버지께선 제게 딱 두 가지 행동만 못하게 하셨어요."

"두 가지의 금기라……."

"맞춰 봐요."

"아버지가 대학 간 딸에게 못하게 하는 것이라면…… 연애하지 말라……. 미니스커트 입지 말라……."

무언가를 알아내고 싶어할 때 노아는 양미간에 주름의 골을 판다. 오른쪽 눈이 조금 오므라지기도 한다. 그는 지금 모니터 앞에서 그런 표정을 짓고 있을 것이다.

"아뇨. 하나는 학생운동 하지 말라. 쉽게 말해 데모하지 말랬어요. 현 체제는 공부하는 학생들 힘으로는 뒤엎어지지 않는다고 하셨어요."

"하나는요."

"다른 하나는, 마약에 접근하지 말라. 마약은 자신과 국가와 인류를 망친다고……."

"착한 딸이었나요?"

"적어도 그 두 가지는 거역하지 않았죠."

"전, 지금껏 고문의 후유 장애가 완치되지 않았어요."

"정신에요? 육체에요?"

"두 군데 다요. 보여 드릴 수도 있어요."

"정신과 육체…… 둘 다 보여주겠다고요?"

"선생님이 원한다면요."

나는, 보고 싶군요, 라고 모니터에 글자를 채웠다가 엔터키를 치기 전에 지운다. 대신에 고상하고 우아해 보이는 글자들을 새로 쳐 넣는다.

"왠지 당신에게 미안한 맘이 드는군요. 내 영혼은 고뇌한 적이 없는 것 같아서요."

"사실 선생님의 글에선 부르주아의 냄새가 나요."

"부패한 부르주아? 타락한 부르주아?"

"그건 아니고…… 온실의 화초처럼…… 소도의 보호막 안에서 자란……."

"온실의 보호막 밖으로 절 불러내고 싶은 거예요?"

"맞습니다."

"비바람 치는 황야로 탈출? 다시 돌아오면 전 영영 에덴에서 쫓겨나죠."

"쫓겨남을 환영합니다."

"그런 말 함부로 하지 마세요. 거짓말인 줄 알아도 믿고 싶거든요. 제 스승님이 절더러 '몽환적인 불가지론자(不可知論者)'라고 했어요. 풀어보니까 '의지박약한 멍청이'라는 뜻이던데요."

"아닙니다. 진심입니다."

나는 한 손으로 가슴을 쓸어내린다. 무서운 유혹이다. 모니터의 푸른 화면에 그의 숨결이 번지고 있다. 그는 깃발처럼 펄럭이며 나를 손짓하고 있다. 나는 모니터 저편 그의 눈을 깊게 응시한다.

"전화가…… 먼저 나갑니다…… 죄송……."

사무실에서 주위 사람들 몰래 내게 속삭이고 있었던 것일까. 갑자기 모니터의 화면이 텅 비어버린다. 나는 채팅창을 내리고 워드프로세서 화면으로 돌아온다. 그러나 일이 손에 잡히지 않는다. 성냥개비를 유황에 그어 불을 지피듯 몸속 어딘가에서 불꽃이 발화하고 있다.

나는 저만큼 던져두었던 '무라카미 하루키'의 『댄스 댄스 댄스』를 펼친다. 책갈피가 끼워진 책장의 글자들을 큰 소리로 읽는다.

=……이제 한 번만 밀어붙이면 그녀와 함께 잘 수 있으리라는 것을 나는 알고 있었다. 그런 것은 그저 아는 것이다. 그녀가 나와 함께 자고 싶어 하는지 어떤지 그것까지는 물론 알 수가 없다. 하지만 나와 자도 좋다고 생각하고 있다는 건 알 수 있다. 그런 건 눈매나 호흡이나 말투나 손놀림으로써 알 수 있는 것이다. 그리고 나로서도 물론 그녀와 자고 싶다……=

너의 뿌리를 내게 심어봐

 꽃샘바람도 한풀 꺾였다. 사월은 형형색색의 꽃들이 다투어 피어난다. 온 세상이 생기로 충만한다. 살아 있는 모든 생명체에서 신앙처럼 진한 향기가 넘친다.
 =토요일에 세미나 참석차 포항에 갑니다. 일요일에 돌아옵니다. 다녀와서 재미있는 얘기해 줄게요.=
 노아에게 문자 메시지를 타전했다. 노아는 부산 출장 중이었다. 거래처 사람들과 같이 행동을 한다고 했다.
 -일요일 오전에 일이 끝나요. 제가 포항으로 갈게요.-
 사서함으로 그의 답신이 날아왔다.
 노아는 부산에서 일을 마치고 포항으로 왔고, 나는 세미나를 끝내고 포항의 북부해수욕장으로 왔다.
 포항시 교외에 위치한 해수욕장이라기에 송림으로 둘러싸인 인적이 드문 모래밭일 줄로 짐작했는데 막상 와보니 도회의 환락가만큼 휘황찬란하다. 방파제를 따라 횟집, 카페, 편의점, 노래방, 단란주점들이 어깨를 맞대고 늘어서 있다. 횟집과 카페 사이를 노래방과 단란주점 샛길을 머리를 노랗고 파랗게 물들인 소년 소녀들이 떼를 지어 몰려다닌다.

우리는 모래사장에 앉아 있다. 바다는 한눈으로 다 보듬어지지 않는다. 광대무변한 바다의 가장자리에 거룻배처럼 몇 점의 섬이 떠 있다. 섬도 영원히 가까워질 수 없는 듯이 아득히 물러나 있다. 바람은 파도의 흰머리를 빗기고 있다. 바람에 머리채를 끄들린 파도는 몸부림을 치며 모래톱을 기어오르고 있다. 포항제철소 용광로의 화염이 굴뚝 위로 치솟고 있다. 검은 바다 밑에서도 불꽃의 그림자가 넘실댄다.

노아는 세 개째의 폭죽을 하늘로 쏘아 올리고 있다. 하늘에 별을 심고 있다.

"유성이 떨어지는 게 안 보여. 네온 불빛에 별들이 빛을 잃은 것 같아."

"그러니까 제가 선생님을 위해서 유성을 만들어 드리잖아요."

솟구치던 불꽃송이의 목이 부러지며 불의 가시가 튀어나와 검은 하늘을 난자한다. 별가루가 바람에 흩날린다.

"거기다 소원을 빌어도 될까?"

폭죽의 도화선에 불을 붙이려던 노아가 뒤돌아본다.

"소원이 뭔데요?"

"난 이기적이야. 내 욕심만 부리지. 불후의 명작을 쓰는 거……."

"그것뿐이에요?"

"한 가지 소원만으로도 벅찬데 뭘……."

불구슬이 하늘에서 떨어진다. 검은 장막 위로 형형색색의 불주렴이 드리워진다.

"전, 제 소원을 삼행시에 담아서 드릴게요."

"요즘 유행하는 삼행시?"

심지에 불이 붙은 화약덩어리가 밤하늘을 관통하여 우주로 날아간다.

"제목은 나그네…… 자, 운을 띄어 주세요."

그가 마지막 남은 폭죽을 쏘아올리고 내 곁에 앉는다. 그의 어깨 위에 하얀 재가 꽃잎처럼 내려앉는다.

"나……."

"나는 그대를 사랑합니다."

"그……."

"그대도 나를 사랑하나요?"

"네……."

"분명히 절 사랑한다고 했어요. 믿겠습니다."

그의 손이 내 턱을 받든다. 새의 빨간 부리처럼 그의 시선이 이마를 톡 쫀다. 톡톡 쪼는 그의 시선을 맞받을 수가 없어 나는 눈을 감는다. 그의 따뜻한 입김이 볼을 감싸안았다가 귓불을 훑고 지나간다. 소금기를 실은 바닷바람이 수초처럼 목덜미를 휘감는다. 모래톱에서 부서지는 파도의 함성이 높아진다.

"이뻐요. 남들이 이쁘다고 안 해요?"

귓바퀴에 닿는 그의 입김이 용광로의 열기처럼 뜨겁다. 거짓이라 해도 나는 노아의 말을 믿고 싶다.

"누구에게나 다 이쁘게 보이는 건 원치 않아. 오직 당신에게만 이쁘게 보이고 싶어."

폭죽이 분수처럼 터진다. 불의 비가 내린다. 불씨가 모래사장에 박힌다. 꽃씨가 꽃을 피우듯이 불씨도 불의 꽃을 피울 것 같다. 내일이면 재크의 콩나무처럼 넝쿨을 뻗은 불나무가 가지마다 활활 타오르는 불의 꽃을 달고 있을 것이다.

그가 모래를 털며 일어선다. 나도 따라 일어선다. 문득 다가선 발걸음에 그림자가 밟힌다. 나는 그의 발밑으로 너울처럼 늘어져 우쭐우쭐 춤추며 끌려가는 긴 그림자를 따라 걷고 있다. 모래톱도 횟집도 끝나가고 있다.

걸음을 멈춘 그가 횟집의 수족관에 이마를 붙이고 섰다. 그는 유리 상자에 갇혀 삶의 마지막 몸짓인 양 무력하게 지느러미를 움직이는 광어와 우럭, 도다리, 한쪽 집게발이 잘려 나간 게, 솜사탕 같은 내장을 길게 뽑고 다니는 해삼, 물방울이 올라오는 구석으로만 대가리를 처박고 모여 있는 아나고 떼, 죽은 듯이 바닥에 달라붙어 있는 전복들과 인사를 나누고 있다.

"게끼리 서로 죽이니까 집게발 한쪽을 잘라놓는대요."

그는 무언가를 석연하게 밝히려 한다. 그러나 왜 게의 집게발을 잘라야 하는 따위가 아닌, 정작 해야 할 말은 아끼고 있었다. 그의 이마가 닿았던 유리에 입김 자국이 동그랗게 희다.

"길에서 밤을 보낼 순 없잖아요."

그가 이마로 쏟아져 내린 머리를 쓸어 올리며 말한다. 그의 말투엔 이런 식으로 우리가 함께 밤을 보낸다는 것이 옳지 않다고 생각하고 있음이 배어있다. 그러나 생각보다 앞서가는 몸의 반응을 그도 어쩌지 못함도 나타나 있다. 나도 역시 마찬가지다. 머리 한구석에서 사라지지 않는 죄의식 때문에도 술을 많이 마셨다. 술은 의식을 흐리게 하고 간을 부어오르게 하고 죄의식마저도 희석시키지 않던가.

"실은 친구의 아파트를 빌렸어요. 호텔보다 나을 것 같아서요. 포항에 은행 지점장인 친구가 있어요. 친구는 서울로 가족과 주말을 보내러 갔죠. 월요일 첫 비행기를 타고 내려오겠죠."

그가 석연하게 밝히려 했던 게 이것이었던가. 나는, 이 순간도 늦지는 않았어요. 당신의 도덕이, 신앙이 시키는 대로 나를 비난하고 뒤돌아서면 그뿐이에요. 라고 외쳐주고 싶다. 아니 '당신'이란 단어를 '나'로 대치해서 쏘아주고 싶다.

인간도 동물이라면, 내가 암컷이라면, 본능적 후각으로 감지하는 것들이 있다. 꽃은 저절로 피어나 나비를 유혹하고, 나비는 저절로 꽃 속의 꿀을 탐하여 날아든다. 쉬이 시들을 꽃의 헛됨을 나비가 안다고 해도 나비는 당장 붉어 탈 듯한 꽃밭을 헤맨다.

노아는 나를 안고 싶어 소름을 일으켜 전율하고 있다. 내가 그의 품에 얼마나 안기고 싶어 하는지 노아도 알 것이다.

 우리는 서로에게 눈이 멀었다. 청맹과니이다. 독충에 쏘인 벌레처럼 아무런 반항도 거역도 하지 못한다. 우리는 금단의 바리케이드를 부수기로 합심했다.

 포항에서의 밀회를 약속한 순간, 애욕만이 펄펄 살아서 모든 사고를 정지시켰다. 나는 약속장소로 택시를 타고 오면서도, 아니 세미나 동안에도, 노아와 보낼 밤에 대한 상상으로 허리가 비틀리고 허벅지가 뻐근하게 조였었다. 함께 저녁식사를 하면서도 술방울을 핥는 그의 입술이, 낙지의 흡반을 으깨느라 핏줄을 세우는 그의 목줄기가 아프게 눈을 찔러 거푸 담배만 피웠다.

 파도와 바람은 내기를 하듯 파도가 깎아간 모래를 바람이 안간힘을 다해 다시 훑어 올린다. 하늘과 맞닿은 수평선 끝에는 덩어리진 어둠뿐이다. 젖은 모래알갱이가 섞인 바람이 축축하게 입술에 들러붙는다.

 노아가 택시를 세운다. 나는 그가 열어주는 문으로 올라타서 좌석 등받이에 몸을 깊숙이 묻는다. 노아가 하자는 대로 따라 할 뿐이다.

 "제가 상습범 같아요?"

 아파트 계단 옆벽 소방장비 함 속에 리을(ㄹ)자로 쌓아놓은 소방호스 사이에서 열쇠를 꺼내며 노아가 말한다. 열쇠를 구멍에 밀어 넣으며 나를 돌아본다. 그의 눈은 여린 풀처럼 반짝이는 머리카락이 몇 낱 덮인 이마 아래, 아늠살이 없어 조금 튀어나온 광대뼈 안에 담겨져 있다.

자신의 인생에 꿈이 있음을 증명하듯 푸른빛을 발하고 있다.

"조금은요. 그리고 당신도 날 그렇게 여길지도 모른다는……. 그렇지만요. 윤리나 도덕 이전에……. 나하고 이러는 건 당신이 손해예요. 그 점이 미안해요."

나는 안 해도 좋을 말을 하고 있다. 앞뒤 가림도 없이 쏟아져 나오는 말의 홍수에 내가 질식할 것 같다.

"뭐가 손해고 뭐가 미안한 거죠?"

노아가 따지듯이 덤빈다. 내가 노아의 자존심에 생채기를 냈다.

"내 입으로 말하고 싶지 않아요."

"나이 차이 때문이에요? 제가 선생님보다 젊단 말이죠?"

사랑은 국경도 나이도 사상도 초월한다고 했다. 사랑이란, 인류의 역사 이전에 태어나 영겁을 향해 가고 있다던 성자(聖者)의 아름답고 슬픈 말씀이 떠오른다.

이건 사랑이 아닐지도 모른다, 라고 나는 신음하듯 조그맣게 중얼거린다. 굳이 사랑이라고 우긴다면 일회용 인스턴트 사랑이다. 그렇다고 해도 나는 이 순간에 성실하겠다.

"선생님이란 호칭보다는…… 내 이름 부르는 걸 듣고 싶어."

"본이름이 미래…… 미래라고 했죠? 그렇게 부를게요. 미래."

나는 실에 매달린 꼭두각시이다. 노아가 조종하고 있다.

"우리는 서로에 대해 아는 것이 너무 없어. 보이지도 만져지지도 않지만 분명 우리 곁에 존재하는 것을 우리는 서로 몰라."

나는 단애의 끄트머리에 서 있는 듯한 아슬아슬한 기분이 든다. 내 앞에 서 있는, 내가 손잡고 있는 노아도 환영 같다. 훅 불면 꺼져버릴 비현실적인 허상 같다. 울고 싶기도 하다.

"제가 상처의 흔적을 보여 드리겠다고 했죠?"

그가 상의를 벗는다. 넥타이를 풀고 와이셔츠의 단추를 끄른다.

"거의 이십 년 전의 상처에요. 전기고문은 상처가 거의 안 남지만 전선 끝을 접지한 가슴의 살이 탔어요. 그리고 전류가 빠져나간 발꿈치는 살이 썩어버렸어요."

그가 양말을 벗는다. 가슴에 두 군데 거무스름한 상처의 돌기가 있다. 양 발꿈치는 달군 부젓가락에 찔린 것처럼 검게 함몰되어있다.

"훈장 같군요."

암울한 젊은 시절을 올곧게 살아온 흔적일까. 나는 그의 가슴에 입술을 댄다. 바다를 묻혀온 그의 가슴은 찝찔하게 간이 배어있다. 모래인지 소금인지 작은 알맹이들이 혀끝에서 까실까실하게 걸린다. 삼각형의 가슴근육이 나비의 날개처럼 파르르 경련한다. 날개를 덮은 비늘 같은 솜털이 소스라쳐 일어선다. 비늘에 돌기한 작은 흡반들이 끈끈하게 감긴다.

"체취가 사라지는 게 싫어요."

욕실로 가려는 그의 손을 붙든다.

"저도 그래요."

나는 이미 그의 팔에 들려있다. 두 척의 배가 나란히 항구에 닻을 내리듯 그와 나는 침대에 엉키어 쓰러진다. 그의 몸무게가 고스란히 내 몸에 실린다. 배의 기관실에선 통통통 풀무가 돌아가고 있다.

원피스의 지퍼를 내리고 브래지어의 후크를 따는 노아의 손놀림은 서툴다. 나는 꼭대기에서 밑까지 서서히 반으로 갈라지는 고치 안에서 몸을 빼낸다.

"무슨 말을 하든지 믿을게요."

그는 가느다랗게 뱃고동 같은 신음을 뿜는다.

"아무 말 하지 마세요. 말이 거추장스럽잖아요."

그의 겨드랑이에선 물고기의 지느러미처럼 비릿한 땀 냄새가 풍긴다. 연체동물처럼 유연한 혀가 밀려들어온다. 이로 깨물면 툭 터져 액체로 흐를 것만 같다. 나는 사탕을 빨듯이 그의 혀를 입안에서 동글동글 굴려본다. 농밀한 타액이 입안에 퍼진다.

달빛인지 가로등 불빛인지 방안은 희붐하게 밝다. 그로테스크한 그림자가 설핏 벽에 무늬로 어룽댄다. 그림자는 나비처럼 가볍게 벽에 제 몸의 무늬를 찍는다. 나비는 긴 대롱을 감추고 꿀을 찾아 비상한다. 색을 쓰듯 피어 있는 꽃들을 탐하여 머리카락에, 이마에, 콧잔등에, 귓불에 사뿐 사뿐히 내려앉는다. 작은 수많은 갈퀴가 달려 있는 미상돌기는 어디든 휘감긴다. 쉬지 않고 팔랑팔랑 춤을 추던 나비가 맥이 뛰는 목을 타고 미끄러지듯 내려와 젖무덤에 돌기한 젖꽃판 위에 날개를 접는다.

그림자는 무게도 부피도 없다. 심장도 혈관도 없다. 검은 베일로 얼굴을 가렸기에 부끄럼도 없다. 검은 그림자에선 넝쿨 같은 뿌리가 성큼 자라난다. 물굽성의 뿌리는 샘을 찾아 뻗는다.

나는 배암처럼 그의 몸을 감는다. 친친 똬리를 틀어 감는다. 배암에게 감긴 그가 숨이 막혀 자지러진다. 하얀 입김이 공중에 풀린다. 입김 위에 글씨를 쓸 수 있을 만큼 또렷하다. 나는 더욱 힘차게 똬리를 옭아 조인다.

젖꽃판에서 휴식을 마친 나비는 드디어 풀숲으로 날아간다. 풀숲에 피어있는 꽃은 이미 만개했다. 함부로 닭벼슬 같은 수술을 내보이며 활짝 벌어졌다. 꽃 주위를 나비는 어지러이 맴돌기만 한다. 독향을 뿜는 맨드라미의 유혹에도 나비는 앉으려 하지 않고 주술에 걸려 춤을 춘다. 나비의 날갯짓에 여린 풀들이 쓰러진다. 나래치는 나비의 요동 속에 훅훅 더운 바람이 휘몰아친다. 위태롭게 누워있던 풀들이 후루룩 날아간다.

너의 뿌리를 내게 심어봐……. 긴 대롱으로 내 체액을 한 방울도 남기지 말고 빨아 들여봐……. 말피기관으로 내 자궁에 알을 쏟아봐…….

수맥을 찾아 풀숲을 헤쳐오던 뿌리는 늪 앞에서 주춤거린다. 뿌리는 더 자라지 못하고 제 그림자 속으로 숨는다. 꽃잎 위에서 넋의 정열이 힘없이 사그라진다. 그의 긴 대롱도 마른 그림자 안으로 빨려 들어간다. 꽃은 기력을 잃고 하염없이 낙하한다. 꽃의 환희와 열락은 간 곳이 없다.

"하, 한 번도 이런 일은 없었어요."

그의 뿌리는 여덟 마디로 땅에 배를 깔고 기는 애벌레처럼 오므라들었다. 나비가 앉으려던 꽃잎에도 허물 같은 나비의 날개가 떨어져 있다. 날개를 촘촘히 메운 오색의 비늘가루도 낙엽처럼 허무하게 흩어져있다. 날개 찢어진 나비는 맨드라미의 대가리를 물고 가슴을 쥐어뜯는다.

나도 그래, 미투(Me too)

 한글을 깨치면서부터, 그러니까 초등학교 저학년 때부터, 나는 일기를 써왔다. 그 후 수십 년 동안 나는 잠자고 밥 먹듯이 책을 읽어 왔으며 끊임없이 기록도 해 왔다. 일기를, 편지를, 독후감을, 기행문을, 반성문을 쓰면서 자랐다.
 내가 본격적으로 소설공부를 할 때, 스승님은, 습작 원고지를 모아 쌓은 높이가 자신의 키만큼 자라면 저절로 작가가 된다고 하셨다. 보통 성인의 키와 원고지 2만 장 정도 쌓은 높이가 맞먹는다고 한다. 인쇄된 책으로 따지자면 스무 권 분량이다.
 무슨 짓이건 거듭하다 보면 이골이 난다. 갈고 닦으면 노하우가 생겨서 남보다 잘하게 된다. 그러니까 적어도 편지질에 관한 한 나는 남보다 잘할 수 있을 것이다.
 여고 이학년 때였던가, 여름에 해변에 갔다가 한 소년을 알았다. 펜팔을 하자면서 그가 주소를 적어 주었다. 몇 번인가 편지의 왕래를 하던 중에 어머니에게 그의 편지를 들켰다. 머리에 피도 안 마른 게 연애질이라고, 나는 어머니에게 지독하게 혼났다. 집안 식구들의 감시 때문에 더는 그의 편지를 받을 수 없게 되었다.

 나는 그 소년에게 내게 더 이상 편지를 보내지 말라고 했다. 내가 편지를 받을 수 있는 통로가 모두 막혀 버렸다고 했다. 내가 그의 편지를 수신할 수 없음이 안타깝다고도 썼다. 그리고 나만 일방통행의 편지를 보냈다. 그 당시 나는 헤르만 헤세와 앙드레 지드와 A.J.크로닌 등의 지고지순한 사랑을 노래한 소설에 홈빡 빠져 있었다. 왜 그런 장난기가 동했는지……. 나는 내가 주인공이 된 소설을 써 버린 것이다. 답장이 없던 편지를 몇 번인가 더 보내고 나니까, 편지놀이가 지겨워지기 시작했다. 소설의 끝을 맺고 싶었다. 나는 소설 속의 주인공이 백혈병이나 결핵에 걸려 사망에 이르는 슬프지만 아름다운 결말을 지으려했다. 자료를 철저하게 조사하기 위해서 도서관에 가서 곰팡내가 풀풀 나는 의학 서적을 들춰봤다. 나는 그런 희귀한 병이 나를 방문할 확률은 거의 없을 뿐더러, 그런 병마가 육신을 죽음으로 몰고 가기까지는 제법 많은 시간을 필요로 한다는 지식을 얻었다. 황순원의 『소나기』도 논픽션이라고는 안 믿어주는 판인데, 비슷한 복사판이 먹힐까. 궁리 끝에 '온 가족의 이민'으로 소설의 피날레를 장식했다. 태평양이 가로막혀서 우리는 다시 볼 수 없으리라고, 그 소년에게 애절한 편지를 썼다. 이제 더 이상 편지도 할 수 없노라고…… 안녕히…… 라고, 그에게 작별을 고했다.

마지막 편지를 보내고 일주일쯤 되었을까. 우리 집 앞 구멍가게 아줌마가 헐레벌떡 뛰어 왔다. 동네에 큰일이 났다고, 이게 웬일이냐고, 어림잡아서 스무 명의 청년들이 우리 집을 찾는다고 했다. 이런 주소에 이런 이름의 아가씨가 사느냐고 동네를 들쑤시고 다닌다고 말을 부풀렸다.

"이 집 이민 가요?"

 구멍가게 아줌마는 궁금해 못 살겠다는 표정이었다.

 내 펜팔파트너는 버스를 대절해서 친구들을 스무 명이나 데리고 찾아왔다. 그는 세상에서 가장 화려한 환송식을 해줄 작정이었다. 그가 동행한 친구들에게 내가 보낸 편지들을 회람시켰음은 자명한 사실이겠다.

 나의 첫 번째 가출은 이렇게 해서 시작되었다.

 나는 어머니에게 혼나는 게 무서워서 도망치기로 했다. 우리 집 뒤뜰의 살구나무를 타고 올라 월장을 했다. 담 위로 올라서면 뒷집의 감나무 가지가 손에 닿는다. 나는 감나무를 타고 뒷집의 마당으로 뛰어 내려서 쪽문을 통해 골목으로 달아났다. 친구의 자취방으로 피신을 했다. 바로 다음 날, 나의 도피처를 고자질한 친구 덕분에 어머니에게 붙들려 집으로 끌려가긴 했지만.

 아직도 이름을 기억하는 그와의 만남이란, 해변에 앉아 이야기를 나눈 두 시간뿐이었다. 이것이 그와 나의 만남 전부였다.

 돌이켜보면 나는 참 교활했다. 그를 그토록 기만하다니.

그러나 비슷한 짓을 하며 세월을 보내면서 나는 교활함에 더하여 날카로운 발톱이 돋고 창공을 비상할 수 있는 날개까지 솟았다.

전화가 발달하면서 연필에 침을 발라 흰 종이에 꼭꼭 눌러쓰는 편지질은 어느 누구도 하지 않게 되어 버렸다. 전화보다 손에 가까이 컴퓨터가 닿으면서 인터넷 메일이 일반화되어 버렸다. 나는 인터넷을 이기로서 유용할 줄도 안다.

만약 인터넷 시대에 내가 똑같은 상황에 처했다면 그와 펜팔이 가능키나 했을까. 스팸메일과 정크메일이 전자우편함을 넘치게 하고, 세금고지서나 백화점 바겐세일 광고 전단이나 육필은 전혀 없이 활자로만 채워진 인쇄물이 우편함 아가리가 찢어지게 꽂히는 시대에.

그 때는 그가 얼마나 상처를 입었을까, 하는 배려는 못해 봤다. 내가 꾸민 편지의 내용을 그대로 믿어버렸다면, 그리고 그렇게 요란하게 나를 찾아오지 않았더라면, 그는 가슴속에 아름다운 추억의 나무를 키웠을 텐데…… 그가 어리석게도 자신의 꿈을 깼다고만 여겼다.

노아에게 나를 떠나간 까닭을 묻지 못하는 이유가 바로 그것이다. 알고 싶지만 모르는 편이 훨씬 나을지도 모르는 것, 옛 어른들의 말씀대로 모르는 게 약인 것들이 확실히 있다.

때때로 나는 노아와 같이 손잡고 오던 날들의 궤적을 반추한다. 내가 무엇을 잘못했던가, 무엇 때문에 노아가 내게서 등을 돌리지 않으면 안 되었나를 곰곰이 따져본다.

팬으로서 그가 접근했을 때, 그에게 나는 멀고도 황홀한 존재였다. 아마 그는 진열장 안의 보석을 그냥 관찰만 하려 했는지도 모른다. 어느 순간, 그의 지문이 패스워드인 양 진열장의 보안장치가 해제되고 보석은 너무도 쉽게 그의 손아귀에 들어왔다. 그는 그 손쉬움이 재미가 없어진 지도 모른다. 그래서 싫증난 장난감을 버리듯 나를 팽개쳐 버렸다.

아니면, 수컷의 본성이 지시하는 대로 그는 나와 부담 없이 즐기고만 싶었으리라. 내가 점을 뽑은 사연을 듣는 순간 그는 와락 겁이 났다. 내가 예고한 분란이 정말로 닥칠 경우를 상상했으리라. 그는 더럭 겁이 났다. 그에게도 여태껏 쌓아왔고 앞으로도 다져가며 지켜야할 유형무형의 귀중한 것들이 있다. 그는 책임에서도 벗어날 수 없고 권리도 포기하지 못함을 새삼 알았으리라. 결코 내가 피안이 아님을 깨달았으리라. 나는 갑자기 그에게 무거운 굴레가 되어 버렸다. 그는 굴레의 속박을 끊고자 했다. 소송이 걸려 있어 주변이 복잡하므로 좀 정리가 되면 만나자는 등의 그가 비겁하게 나열했던 변명들은, 내게 밝히기 싫은 그가 떠난 이유를 포장할 뿐이다.

아직 한 가지가 더 남아 있다. 마지막으로 귀결되는, 노아가 나를 떠난 까닭은 나를 어둡고 참담한 슬픔에 몰아 넣는다.

'석'은 제법 친하게 지내는 고향친구이다. 그는 같은 회사의 여자상사인 이 차장을 오랫동안 연모했었다. 이 차장은 석보다 세 살인가 연상이었고 그녀의 남편은 그녀보다 세 살이 연상이라고 했을 것이다. 석의 표현에 의하면 이 차장은 지성과 성적 매력을 겸비한 여자이다. 석은 알코올의 기운으로 얼굴에 열꽃이 발갛게 피면, 날더러 이 차장에게 전화를 걸어 달라고도 했었다. 그러던 그가 어느 날인가부터 그녀에 대한 언급을 끊었다.

"나도 그래, 미투(Me too), 잘 자 내 꿈꿔……."

며칠 전이던가, 석이 전화기에 대고 노오란 목소리로 간지럽게 지껄이다가, 문득 나와 눈이 마주쳤다. '나도 그래'라든지 '미투' 등의 대답은 상대 쪽에서 사랑한다거나 보고 싶다고 속삭여 올 때 대응하는 연인들의 은어이다. 사랑의 밀어를 적나라하게 표현하다가는 주위의 열려 있는 귀의 그물에 걸리므로, 동감이라는 의사만 전달하는 한 방편이다.

"영계 비린내가 나는데……. 이 차장은 어쩌고?"

나는 그를 놀려 줄 심산으로 찔러보았다.

"이 차장과는 끝냈어. 종쳤어."

"시작이나 했었어? 혼자 짝사랑으로 끙끙 앓기만 했지."

내가 아는 석과 이 차장의 관계는 거기까지였다.

"천신만고 끝에…… 같이 잤는데……."

한참을 망설인 후에 석이 입을 뗐다. 나도 짐작은 했었다. 한 번 점찍은 먹이를 놓치지 않는 노련한 사냥꾼인줄을 내가 왜 모르겠는가.

"근데 왜 끝내? 연애의 순서에 의하면, 바야흐로 전망이 좋은 러브호텔의 순례가 시작되어야 하는데……."

"이 차장 목소리 들어서 알겠지만, 그 여자 목소리 무지 섹시하지? 근데 섹스를 해보니까…… 이 차장 아들이 왜 짱구인지를 알겠더라구."

내가 입이 무거운 줄을 안다고 해도 석의 말은 선을 넘는다.

"맛이 없었구나……."

나와 석의 대화의 안주로써, 이 차장은 미식가의 입맛에 평가되고 있는 것이다.

"마누라하고 하는 것보다 못한데 내가 뭐하러 다시 만나? 운동 좀 하라고 했어."

점입가경이라더니, 남자들의 세계에선 이런 궁색한 변명도 통하나보다.

"정말로 그랬어? 운동하라고? 그랬더니 알아들어? 무슨 뜻인지?"

"못 알아듣는 것 같았어."

순진한 이 차장을 농락한 석을 나는 한 대 갈겨주고 싶다. 내가 여자의 대표로 나서서 단죄하고 싶다.

"내 생각도 그래. 못 알아들었을 거야. 알아들을 수준이라면 일찌거니 신경을 썼겠지. 운동을 했든지 외과수술…… 머래드라…… 그래 이쁜이 수술이라도 받았든지……."

"내가 알 바 아냐."

"여보게나 친구. 내가 여자로써 딱 한 마디만 충고함세……."

"혀 봐여……."

"이 차장이 알아들었다면 지독하게 상처를 받았을 거야. 여자한텐 그보다 더 심한 모욕은 없으니까. 만일 못 알아들었다면…… 시쳇말로 먹고 발랐다고…… 나쁜 놈이라는 욕을 면하기 어렵지. 여자가 독을 품을 일을 저질렀어. 오뉴월 서리 알지? 각오해."

나는 마치 노아를 공격하듯 석에게 대든다.

"그럼, 내가 어떻게 처신해야 했는데? 데리고 살아야 했어?"

오히려 석은 내게 뻔뻔한 얼굴로 반문한다.

"애초부터 데리고 살 작정은 아니었잖아. 그러니까 더욱이 그렇게 잔인하게 굴어서는 안 되지. 단칼에 잘라버린 것도 잘못이야. 심했어."

"더 이상 만나고 싶지 않은 걸 어떡해……."

석은 짜증마저 낸다.

"그래서 새 애인이 생긴 거야?"

"그렇게 됐어."

석은 남은 술을 목구멍에 털어 붓는다.

노아도 그럴까.

포항에서 하룻밤을 보내고 온 후로 안달을 친 쪽은 노아였다. 노아는 마음은 달려가는데 몸은 부끄러워서 땀만 쏟아내다가 끝내는 실패했었다. 무엇이 문제란 말인가.

나는 그가 근사한 섹스테크닉을 소유했던지 안했던지 간에 개의하지 않는다. 그가 나를 사랑했고, 사랑하는 만큼 성실하게 임했다면 그로써 충분히 만족한다.

그러나 노아는 달랐다. 그는 만회하고 싶어 했다.

그리운 밤섬

KBS 방송국의 심야방송 라디오 음악프로는 방송일 2주 전 쯤에 공개 녹화를 한다. 무슨 인기가 그리 좋은지, 공개녹화방청권을 구하기가 하늘에 별따기란다. 딸아이는 당첨되면 방청권을 상으로 준다는 사연엽서도 몇 번 보내보았지만 낙방만 먹었다며, 엄마에게 방청권을 구해달라고 조른다. 오빠의 친구이자 남편의 친구이기도 한 '진'이 KBS 방송국의 제작국장임을 알기 때문이다.

참내, 소 잡을 칼로 파리목이나 쳐야 한단 말인가. 제작국장에게 기껏 녹화방송 방청권이나 부탁하다니······.

진에게 전화를 걸었다. 껄껄 웃는 품새가 원하는 매수만큼 입장권을 구해줄 자신이 넘친다는 뜻이다. 그러나 내가 필요한 양은 2인용 입장권 한 장이다.

집에서 KBS 방송국까지는 현관문을 잠그고 엘리베이터를 타고 내려와서 차에 시동을 거는 시간까지 포함해서 십오 분이면 족하다. 차를 세우고 주민등록증과 바꾼 방문객 명찰을 가슴에 달고 육층까지 올라갔다가 입장권을 받아서 내려오는데 이십 분 걸린다. 만약 진과 차라도 한

잔 마시게 되면 한 시간 남짓 걸릴 수도 있다.

 진이 회의 중이었기에 여직원에게 맡겨둔 입장권만 찾아서 내려왔다.

 외출을 위한 샤워를 했고 머리를 매만졌고 화장을 했고 외출복으로 골라 입고 나선 터였다. 집을 나선 시각에서 한 시간도 안 되어서 바로 귀가하기는 무언가 아쉽다.

 집으로 들어오는 길목에 강으로 내려가는 좁은 골목이 손짓한다. 발을 헛디뎌 미끄러지듯이 골목 안으로 핸들이 꺾였다.

 주차장에 차를 세우고 버스를 개조하여 만든 휴게소의 간이 의자에 앉았다. 차양의 그늘이 드리운 노천 휴게소에 앉아 커피를 마신다. 담배에 불을 붙여 연기를 길게 뿜어본다. 외로움이 온몸을 연기와 함께 휘돈다.

 강물은 여전히 게으르게 흐르고 있다. 햇빛은 자맥질하듯 수면에 꽂혔다가 화들짝 놀란 듯이 튀어나온다. 강변 북로에는 차들이 서로의 꼬리를 물며 개미 떼처럼 행진을 한다. 강 건너 아파트 건물들은 어깨동무하고 한가로이 강물에 잘생긴 제 몸체를 비쳐본다.

 한강 하류에 위치한 밤섬은, 강물이 하류로 내려오면서 유속이 느려져서 생긴 삼각주이다. 삼각주 늪에서는 이끼와 풀만이 자란다. 물가에는 회갈색 수피로 운치를 더한 사스레피나무가 울타리처럼 둘러쳐져 있고, 죽었기에 차라리 신령스럽고 의연한 주목이 쓰러져 있다. 심재(心材)가 유난히 붉은 주목의 그루터기에는 타락한 독버섯이 요염을 자랑한다. 늪의 신비한 기운은 섬 전체를 촉촉하게 덮고 있는 이끼에 생명력을 불어넣고 있다. 달밤에는 바늘같이 긴 씨방을 가진 바늘꽃이랑 촛대처럼 하얀 꽃이 달린 촛대승마가 젖처럼 흐르는 달빛에 목욕을 하리라. 새들의 둥지가 있고…… 그리고 무엇이 있을까.

나는 사철 푸른 이끼로 덮여 있는 밤섬을 바라본다. 한밤중에 강가에 매어 있는 작은 배를 훔쳐 노 저어 가볼거나. 헤엄쳐 가 볼거나. 밤섬엔 철새가 날아오고 희귀식물이 자란다고 한다. 늪에 발이 빠지지 않을 만큼 몸무게가 가벼운 외계인이 살지도 모른다. 풍선처럼 바람에 휩쓸려 다닐까, 아니면 수수깡 같은 배를 전갈처럼 땅에 깔고 기어 다닐까. 지구에 불시착한 부상한 외계인이 착한 인간의 도움을 기다릴지도 모른다. 나는 그 물체가 지렁이의 배설물을 먹고, 도마뱀 같은 네 다리에 물갈퀴가 달렸고, 외각 뿔에 외눈박이라 해도 만나고 싶다. 외계인은 어린 왕자처럼, 길들여진 나무에게 열심히 물을 줄 것 같다. 다람쥐처럼 겁이 많고 눈물이 헤프지나 않은지…….

나는 손에 닿을 듯 가까운 거리 밖에서 밤섬의 낙원을 그린다. 내 접근을 제지하는 방해물은 강물인가, 출입금지의 팻말인가, 아니면 밤섬으로 향한 덜 자란 염원인가. 나는 왜 금단만을 탐하는가.

노아와 밤섬엘 가기로 했었다. 아무에게도 들키지 않도록, 잠깐 졸음에 빠진 잠귀 밝은 새도 깨우지 않도록 대나무 대롱을 입에 물고 물밑을 기어가기로 했다. 섬에 상륙해서 풀숲 새들의 둥지에서 새끼가 알을 깨고 나오는 신화를 훔쳐보자고 했다.

원효대교 밑에는 스스로 먹이를 찾는 법을 잃어버린 비둘기들이 머리에 나비 모양의 핀을 꽂은 어린 계집아이가 던져주는 팝콘을 쪼아 먹고 있다. 나는 다리 밑 그늘에서 비닐돗자리를 펼치고 술판을 벌이는 사내들을 지나쳐 걷는다.

샛강은 강이라는 이름이 무색하게 물이 말라버린 지 오래다. 물이 없는 강이라니. 그래서 샛강이 내려다보이는 여의도 아파트에 사는 사람들은 샛강을 정원이라고 부른다. 내겐 강이나 정원이라기보다는 초원처럼 보인다.

오랜만의 한가로움이 지겨워질 무렵에 나는 화가의 흰 캔버스를 발견했다. 아니 내가 샛강 쪽으로 발길을 돌릴 즈음부터 따갑게 뒤통수를 따라오는 '이상한 아저씨'의 끈끈한 시선에서 벗어나고 싶었던 차에 도피처로서 화가의 의자가 눈에 뜨인 것이다.

"혼자 나오셨어요?"

드디어 돗자리에 앉아 술판을 벌이던 '이상한 아저씨'가 말을 걸어왔다. 나는 외면한 채 대꾸도 안 한다. 등에는 외로움의 외투를 걸치고 강을 바라보는 여자, 홀로 둑을 따라 하염없이 걷는 여자에 대해 호기심이 발동한 것이리라.

인간은 홀로 있을 때 더 많은 죄를 짓는다. 고독은 인간을 괴로운 시련과 절망에 떨어뜨린다. 악마가 낙원에서 인간 최초의 어머니인 이브를 유혹한 것도, 이브가 아담과 떨어져 혼자 있을 때였다. 그래서 여자는 강가를 혼자 산책한다거나 혼자 영화를 관람하면 방해를 받나보다. 이상한 아저씨는 나를 외로움에 지쳐 남자사냥이라도 나온 여자쯤으로 보고 있다. 나는 이상한 아저씨를 피할 요량으로 화가 앞에 앉는다. 화가가 보호막이 되어 줄까.

"아는 분인가 했더니 아니네요."

의자에 앉는 내 얼굴을 들여다본 이상한 아저씨가 물러갔다. 또래의 비슷한 분위기를 풍기는 무리들과 술추렴을 하던 원효대교 밑의 돗자리로 돌아갔다. 다 잡은 먹이를 놓친 듯한 아쉬움에 입맛을 쩍쩍 다시면서 갔다.

"초상화를 그리시게요?"

화가는 내가 강가를 산책하는 양을 다 지켜보았나 보다.

"내 얼굴이 어떤지를 알고 싶어서요."

목탄을 집는 화가의 손은 구릿빛으로 그을어 있다. 그는 눈을 가느스름하게 뜨고 나를 바라본다. 아니 강을 본다. 그의 눈은 초점이 맞지 않는다. 꿈 속을 거니는 몽환의 눈이다. 그가 내게 내밀 그림은 강물에 떠내려 보낸 어린 날의 희망일 것 같다. 햇빛에 바래고 낡아서 올이 풀린 그의 바짓단이 눈에 밟힌다. 남루한 바짓단이 알려주는 그의 가난을 외면하고 싶다.

"여기 액자 모서리에 시선을 두시고……."

나는 앉음새를 고쳐 강을 등진다. 강을 바라보는 얼굴을 그려 주었으면 싶은데…… 나는 할 수 없이 빛을 짊어진다. 역광은 빛을 물리치는 대신 피사체를 신비롭게 만들기도 하지 않던가.

"제 분위기를 그려 주세요."

문득 대단히 어려운 주문을 했다고 자각한다. 내가 굳이 화가의 상상력을 시험할 필요는 없다. 나는 단념한다.

나는 얼굴만을 확대한 사진이 이따금 필요했다. 작품을 실어주면서 작가근영(作家近影)을 요구하는 출판사나 잡지사가 많았다.

며칠 전에도 신문사에서 사진을 원했다. 쓸 만한 사진이 없다고 하자 사진기자가 카메라를 메고 나서며 따라오라고 했다. 신문사 현관 앞에서 몇 컷인가 셔터를 눌렀다. 나는 카메라 렌즈를 노아의 눈동자인 양 그윽하게 바라보았다. 그리움을 담은 눈을 상상했다. 기자는 다음 날 내게 JPG 파일의 사진을 메일로 보내왔다. 사진 속에, 내 속에 노아는 없었다. 사진은 역시 얼을 담지 못했다.

나는 노아를 떠올린다. 나는 화가가 내 눈 속에 담긴 노아를 그려주기를 희망한다. 그러나 지극히 허황한 희망일 것이다.

사람들이 주위로 몰려든다. 사람들은 내 얼굴을 힐끗, 화가의 캔버스를 찬찬히 살핀다. 어느새 바람결이 서늘해진다. 해가 뉘엿뉘엿 지고 있다. 하늘이 온통 붉어지고 있다. 익어 붉은 것이 어찌 하늘의 노을뿐이던가. 익어 붉은 노을은 곧 어둠에 잠식당하겠지만 익은 내 가슴은 터질 것만 같다.

'연합(聯合)'이라는 심리학 용어가 있다. 연상(聯想), 관념연합이라고도 하는데, 요소적 경험이 어떤 법칙에 따라 결합하여 표상적심상(表象的心像)이나 관념으로 복원(復元)되는 과정을 이른다.

의식내용 a가 b와 시간적·공간적으로 공존(共存)하면 a의 출현이 b의 출현을 촉진한다는 접근(接近)연합이라는 것이 있다. 노아와 강가에서 자주 데이트를 했다면 홀로 강가에 앉더라도 노아가 떠오르는 것 등이다. 연합이 없는 사랑이나 우정은 없다.

술 생각이 난다. 술집 이브가 궁금해지고 있다. 노아와 이브에서 이브스페셜을 마시고 강가로 나왔었다. 나는 그 길을 되짚어 가야한다. 내가 되짚어 가는 길 어딘가에서 나를 찾아오는 노아를 만날 것 같다. 나는 그날 지갑을 잃어버렸다. 이브에 빠뜨렸나…… 기억이 나지 않는다. 이브에 가면 노아의 잔영이나마 있을까. 나는 숨바꼭질의 술래가 되어 노아를 찾고 있다. 노아는 요술쟁이처럼 몸을 감추고 내가 찾아주기를 기다린다.

그날 저녁 식사 비용은 노아가 지불했다. 노아가 신용카드와 영수증을 되받는 것을 보며 내 지갑에 현금이 얼마나 남아 있는지 머릿속에서 헤아렸다. 노아를 만나러 가기 전에 가판대에서 내일의 조간신문은 샀었다. 신문은 호주머니의 동전으로 값을 치렀다. 이브에서 지갑을 열고 지폐를 꺼냈었다. 그리고 지갑을 챙겼던가. 모르겠다. 이브에서 나와서는 노아와 손을 잡고 걸었다. 어디까지 우리는 손을 맞잡고 왔을까. 어디에서 나는 노아의 손을 놓쳤을까. 나는 노아와 걸었던 길을 되돌아 걷는다. 가로등 불빛의 고깔에 씌워져 동그랗게 밝던 전신주 밑, 거긴 아니다.

"어딜 가실 작정이세요?"

화가는 내 얼굴에서 서두르는 기색을 훔쳤다.

"잃어버린 물건이 있어요. 찾으러요."

화가는 아직 그림을 끝내지 않았다.

"꼭 찾아야 하는 물건인가요?"

나는 잠깐 생각에 잠긴다. 꼭 찾아야 하는 물건? 찾는다고 찾아지는 존재? 두드리면 열리는 문?

"욕심이에요. 나만을 위한 존재라고 생각하는……. 잃어버리고 싶지 않은 욕심으로 집착하는……."

"공수래공수거입니다. 손으로 만져지는 물건도, 보이지도 않는 정(情)도 다 허황된 것 아닙니까."

그가 이젤에서 그림을 떼어내 내게로 건넨다.

그림 속의 여자는 분명 나다. 누가 봐도 '나'임은 분명하다. 눈빛은 불안하고 앙다문 입술에는 탐욕이 가득하다. 화가는 사진에는 안 나타나는 눈썹 그늘에 숨은 아집까지 겉으로 끄집어내 그려버렸다.

"맘에 안 드세요?"

화가의 물음에 나는 맘에 든다고 대답해 준다. 그러나 진짜로 목구멍까지 올라왔던 말은 혀를 눌러 참는다. 당신은 예술가군요. 당신이 장사꾼이라면 고객의 취향에 맞게 이쁘게 그렸을 텐데. 그렇게 정직하면 인생이 남루해지죠. 대신에 그림의 '나'에게 묻는다. 당신의 얼굴에는 지나온 세월이 판박이처럼 박혀 있습니다. 당신은 당신의 얼굴에 책임져야 합니다. 책임질 수 있습니까…….

I'm at your disposal

 화가의 알쏭달쏭한 웃음을 뒤로 남기고, 나는 지나온 세월을 더듬어 간다.

 포항에서 돌아오고 난 일주일 후에 노아에게서 이메일이 왔었다.

 울릴 듯 침묵하는 전화기를 들었다 놓았다 하기를 백 번, 메일함을 백 번째 열었을 때였다. 받은 편지함은 물론, 노아의 편지가 쓰레기 같은 편지와 함께 휩쓸릴까 봐 광고편지함과 지운편지함까지도 수시로 점검하고 있던 차였다.

 -아름다운 당신…… 잘 돌아가셨는지요. 시간을 내주세요. 그립습니다. I'm at your disposal……-

 나는 노아의 얼굴을 그리며 모니터에 떠 있는 글자들을 모은다.

 아름다운 당신이라…….

 일반적으로 미의 기준은 객관적인 균형에 개인의 주관적 가치관, 그리고 동물적 본능을 고려해서 판단한다. 그에게 내가 아름답게 비쳤던가. 나는 객관적 균형에는 자신이 없다. 사랑을 하면 눈이 먼다는 주관적 시각이었나, 수컷인 그에게 나는 진정한 암컷이었던가. 아니, 노아의 입에 발린 거짓말일지도 모른다. 그가 술을 마시고 취한 채로 자판을 두드렸을 것 같다. 나는 고개를 흔들어 그런 의심을 털어 버린다. 나를 우울하게 만드는 사고에는 빠지지 말자.

잠들지 못하는 날에는 깜깜한 어둠 속에서 소나무가 흔들렸다. 나는 장승 소나무가 즐비한 포항의 바닷가를 바람의 가는 허리를 휘어 감으며 걸었다. 심장만 벌떡대는 기억들이 별인 양 명멸한다. 물결 따라 바람결 따라 발자국이 뒤따라온다. 발자국을 지우며 물결이 그려내는 삽화는 늘 불길하다. 바람에 묻히는 내 목소리는 명주실처럼 가늘었다. 잠들지 못하는 밤은 낡은 영화 필름처럼 주룩주룩 비가 내렸다.

나는 한숨을 내쉬고 그가 보낸 글자들을 노려본다.

I'm at your disposal…….

당신이 시키는 대로 하겠다는, 당신의 뜻에 따르겠다는 맹서의 글이다.

"버리지는 말고, 그냥 곁에 두지 그랬어."

애인과 헤어지겠다는 후배에게 내가 그런 말을 했었다. 후배의 애인은 그녀에게 'I'm at your disposal.'이라는 문구를 남발했었다.

"결혼은 무리라는 거, 언니도 잘 알잖아요."

후배는 내 눈을 피하며 작은 소리로 중얼거렸다. 나는

커피를 내오겠다며 일어서는 그녀의 어깨를 눌러앉혔다.

"왜……."

나는 말을 잇지 못한다. 후배는 내 눈을 한참이나 들여다보다가 일어섰다.

후배와 그녀의 애인은 초등학교 동창모임에서 재회한 어렸을 적 친구이다. 둘 다 첫 결혼에 실패했다. 동창모임에서 얼굴을 몇 번 더 대한 후로, 외로움과 심심함을 이유로 데이트를 하다가 우정 이상의 감정이 싹텄다. 아이들의 진로문제도 의논하고, 같이 해외로 여행도 다녔다. 그러다가 남자는 후배에게 청혼을 했다. 내가 후배에게 전화를 걸면 전화선 저편 공간에 둘은 함께 있었다.

"언니, 난 누구하고라도 결혼하고 싶지는 않아요. 그냥 남자친구면 족해요. 내 가족 건사하기도 벅차요. 그의 가족까지 합해진다면 얼마나 갈등이 많겠어요? 결혼한다면, 나는 다시 아내, 어머니, 며느리로서의 책임과 의무를 떠안아야 하잖아요. 잘못하다가는 승진에서도 밀려나요…… 사랑을 버리면 버렸지 내 사회적 진로를 골치 아픈 쪽으로 수정하고 싶지 않아요."

그녀는 제법 잘 나가는 회사의 간부이다. 어머니를 모시고 있고 두 아이가 있다. 남자는 명색뿐인 회사를 경영한다. 거의 백수이다. 후배는 주말이나 공휴일에 여가가 있을 뿐이지만, 남자의 시간은 널널하다. 남자에게도 노모와 두 아이가 있다. 남자는 노모의 며느리이자, 아이들의 어머니이자, 자신의 아내를 원했다.

"언니, 나 직장 다니면서 두 집을 다 돌볼 만큼 슈퍼우먼은 아니에요. 그렇다면 직장이냐 집이냐를 택해야 하는데, 아니 사랑이냐 일이냐를 택해야 하는데…… 전, 당연히 저의 일을 택해요. 솔직히 말해서요, 난 남편에게 아침을 대령하고 와이셔츠를 다려주고 남편의 귀가를 기다리는 등의 의무를 짊어지는 생활 속으로 다시 들어가고 싶지 않아요. 뿐만 아니라 내게 몇 시에 들어오느냐, 누구의 전화냐, 좀 얌전한 옷을 입어라, 화장이 진하지 않느냐는 등의 간섭도 받고 싶지 않아요. 더 솔직하게 터놓자면 나는 남자로 태어나서 내 시중을 들어주는 여자와 결혼하고 싶어요. 한국의 정서라는 것이, 여자란 당연히 남자의 시중을 들어주어야 하는 존재로 인식되어 있으니까, 나는 남자와 결혼하고 싶지 않아요. 아이들과 어머니의 생계를 책임지는 것에 더하여 남편과 그의 가족을 떠받들고 살 자신이 없어요. 난 지금의 자유로운 생활이 좋아요."

후배는 '솔직히'라는 말을 강조하며 언성을 높였다. 나도 그녀의 생각에 동의한다. 후배가 그 남자와 결혼한다는 것은, 억대에 육박하는 연봉을 받는 고급 노동력을, 사랑이라는 그럴싸한 미명으로 포장한 일당 십만 원짜리 일용직으로 전락시키는 것이다.

결혼을 종용하는 남자와는, 결혼하든지 헤어지든지 둘 중의 하나를 선택해야 했다. 그녀는 가끔가다 만나서 식사를 하고 영화를 보고 여행도 함께해도 괜찮은, 일테면

여가를 함께 즐기는 친구를 원하고 있다. 그 이상의 관계는 감당할 수가 없다고 했다.

"친구로 남고 싶었어요. 맨날 '처분대로 하옵소서' 하는 그 남자, 친구로 곁에 두고 싶었어요. 가끔은 그의 섹스가 그립거든요. 그런데 내가 결혼은 안 하겠다고 하니까, 별 모함을 다하는 것이에요. 피곤하다고 집에 쉬겠다고 하면 마음이 변했다고 자기를 따돌린다고……. 배신자라고까지 심한 소리를 해요. 회사에서 회식하는 날은 회식 장소 밖에서 망을 서요. I'm at your disposal…… 그건 섹스할 때 흥분을 고조시키려고 지르는 괴성이었다구요."

남녀 사이의 일을 시시비비로 가를 수는 없다. 그러나 나는 후배를 이해한다. 이해한다고 해서 동조한다는 뜻은 아니다.

후배와 그녀 애인의 경우를 남자들에게 물었다. 남자들은 대체적으로 후배를 '나쁜 년'이라고 했다. 여자들의 의견은 달랐다. 능력 있는 '캐리어우먼'이 '밥순이'로 추락하는 순간이라는 것이다. 배신자라는 욕을 먹으며 깨진 사랑으로 잠시 눈물이나 뽑다가 마는 것이 낫지 발등을 찍을 짓은 하지 말라고 했다.

후배가 남자였고, 후배의 애인이 여자였다면……. 노모와 아이까지 딸린 무능력한 이혼녀가 있다. 그녀는 애인에게 결혼하자고 한다. 그녀는 애인에게 직장에도 나가고 밥하고 김치 담고 자신의 치마를 다림질해주기를 원한다. 거절하는 애인에게, 너의 사랑은 거짓이었고 헛맹세였노라고 비난할 수 있겠는가 말이다.

"그러니까……. 언니도 바보같이 함부로 사랑한다거나 뜻대로 따르겠다거나 이런 맹세 하지 마세요. 사랑한다고 말하는 순간부터 사랑의 칼자루는 상대가 잡고 언니는 칼날을 잡게 된다구요. 더구나, 같이 즐긴 섹스에 대해서도, 혼자 사는 여자의 섹스의 허기를 채워준…… 무슨 자선사업이나 한 걸로 착각도 해요. 섹스한 여자에게 청혼한 남자는 책임감이 있는 남자이므로 여자는 군말 없이 고마워해야 한다고 생각해요. 사랑이라는 이름으로 씌우는 굴레에요."

맞다. 인생은 사랑이 전부는 아니다. 교통사고처럼 인생의 어느 모퉁이를 돌다가 대책도 없이 부딪쳐서 한눈에 반한 불 같은 사랑에 빠졌다 하더라도, 그래서 불이 꺼지고 조금이거나 설령 많이 다쳐서 피 흘리고 멍들고 시꺼멓게 탄 흉터가 가슴에 남는다 하더라도, 시간이 지나면 스스로 치유되는 것이 남녀 간의 사랑, 연애이다.

나는, 부부로 맺어지지 않는 남자와 여자의 만남은 다 악연이다, 라는 말을 믿는다. 여자와 남자는 결혼하든가 아니면 헤어지든가, 둘 중의 하나를 택해야 한다고 주장한다. 그러니까, 연애란, 남녀가 결혼하기까지, 아니면 헤어지기까지의 여정인 것이다.

악연, 악연, 악연…….

나는 후배에게인지 나에게인지 모를 말을 중얼거리다가 나도 모르게 '악연'이라는 글자를 계속 쳐댄다.

자판을 두드려서 글자를 입력하고 마우스를 클릭하여 편지를 보내는 인터넷 편지는 송신자의 글씨체를 알 수가 없다.

글씨가 내 얼굴이라고 생각하던 시절도 있었다. 예쁜 글씨를 쓰려고 펜에 잉크를 찍어 얼마나 연습을 했던가. 그러나 써 놓고 들여다보면 글씨는 내 기분의 옷을 입고 있었다. 춤을 추는 글씨, 하품을 물고 있는 글씨, 앙분하여 화를 내는 글씨…… 학창시절에 좋아하는 과목의 노트는 단정한 글씨로 정서가 되어 있었고, 마지못해 정리해야했던 과목의 노트에 나열된 글씨는 목불인견이었다. 날마다 적는 일기장의 글씨가 매일매일 달랐던 것은, 글씨가 얼마나 그 날의 기분을 대변하는가를 알 수 있다.

노아가 내게 종이에 펜으로 글자를 쓴 편지를 보냈었던가. 없었다. 나도 물론 그에게 육필편지를 보내지 않았다.

육필편지를 읽고 있노라면 마음이 잡혀지고 만져질 것만 같던데…… 호롱불 심지를 돋우고 연필심에 침을 묻혀 조악한 종이에 꾸욱꾸욱 눌러쓴, 그래서 진하기도 하고 연하기도 한 글씨들이 지우개에 밀려 군데군데 찢어지기도 한 갱지 위에 혼을 담고 서 있는 편지 말이다.

노아는 궁서체에 가까운 단정하고 작은 체격의 글씨체를 가지고 있을 것 같다. 만약에 원고지 칸을 메우라고 하면, 네모 칸을 벗어나지 않는, 칸의 반이나 찰만한 작은 몸통의 글씨체로 꼼꼼하게 메울 것 같다.

나는 '악연'이라는 글씨를 지우고, '그리운 노아에게'

라고 쓴다. 맘에 들지 않는다. 지우고 '보고 싶은 노아에게'라고 썼다가 다시 지운다. '친애하는 노아에게', 급기야는 '사랑하는 노아에게'라고까지 썼다가 다시 지우고 '노아에게'라고 서두를 시작한다.

-알죠? 우리 처음 만났던 곳, 강으로 내려가는 골목요. 퇴근이 여섯 시인가요? 여섯 시 십오 분에요. 술을 마실 거면 차를 버리고 오는 편이 낫겠죠?-

'yours', 'your 미래'……, 화면을 응시한다. 글자가, 목소리가 가라앉고 있다. 왜 내 목소리는 한없이 침잠하는가. 바닥을 찾아서 자꾸만 기는가. 나는 끝없이 침묵하는 모니터 속으로 풍덩 빠져든다. 나는 다 지우고 '미래'라고 발신자 이름을 넣고 보내기엔터를 친다.

노아도 편지함을 열어놓고 있었던 것일까. 삼 분이나 지났을까. 수신 확인 메시지가 뜬다.

무슨 옷을 입을까, 만나면 무슨 말을 할까, 나도 보고 싶었노라고, 눈을 아래로 내리깔고 속삭일까…… 아아, 자신이 없다.

미완으로 허무하게 끝나버린 포항에서의 정사를 노아도 기억에서 지우지는 못했을 것이다. 내가 편안하게 그를 이끌어주지 못했기 때문에 실패했으리라. 그가 만나고 싶어 안달을 치는 이유는 만회를 위한 재도전인가.

골목으로 꺾이는 모서리에 노아가 서 있다. 회색 양복을 입고 있다. 전형적인 회사원의 제복이다. 나는 남자들의 정장 차림을 좋아한다. 깍듯한 단정함이 좋다.

그가 날듯이 달려와 내 어깨에 팔을 두른다. 나는 그를 힐끗 올려다본다. 전보다 야위어 보인다. 아침에 깎은 수염이 조금 길었다.

"봄엔 도다리 아닌가요?"

활어회집으로 옮겨 앉아 차림표를 들여다보는 그의 속눈썹이 눈 밑으로 그림자를 드리운다.

"봄도 다 갔는데……."

차림표를 덮으며 내가 말한다. 나는 봄철에 물이 오른다는 도다리를 시키건, 가을이 제철이라는 전어를 시키건 아무 상관이 없다. 어느덧 초록의 계절이, 영혼을 팔아버리고 싶은 계절이 덧없이 흐르고 있음이 안타까울 뿐이다.

왜 이리 어색할까. 나는 몸둘 바를 모르겠다. 그의 눈을 마주 볼 수가 없다. 자꾸 포항에서의 일이 살아난다. 몸을 섞은 상대에게는 친밀감을 느껴야 하지 않나. 좋아하는 것하고 친한 것하고는 다른 것 같다. 그래서 친한 상대하고는 섹스를 할 수 있지만, 섹스를 나누었다고 친구가 되는 것은 아니다.

인간은 육체로써 교류한다. 정신이란 것도 육체의 일부인 뇌의 작용이고, 기쁨이나 슬픔, 사랑이나 증오의 감정이란 것도 그 물렁물렁하고 쭈글쭈글하게 생긴 뇌라는 물체에서 내려지는 명령에 육체가 반응하는 현상이다. 육체적인 의사소통이 없이 진정한 인간관계는 이루어지지 않는다. 물론, 육체 속의 정신이나 감정도, 육체를 이탈하여 홀로 자립할 수 없다.

노아와 나는 육체의 의사소통이 제대로 이루어지지 않았나 보다. 아니다. 단 한 번의 육체의 의사소통이 어느 만큼의 정신적 친밀감을 가져다주었겠는가.

종업원이 분주하게 오고가고 옆자리 사내들의 웃음소리가 높아진다. 노아가 얼굴을 찌푸린다. 그는 간절히 둘만의 공간을 원하고 있다.

"나가죠."

노아가 희미하게 웃는다. 그 웃음을 보는 나는 마음이 편안해진다. 우리는 서둘러 자리를 뜬다. 노아가 택시를 세운다. 나는 노아의 어깨에 기대고 싶지만 척추를 곧게 펴서 반듯하게 몸을 세우고 앉아 있다. 실내경을 만지작거리면서 저속한 호기심으로 뒷자리를 탐색하는 택시운전사의 음흉한 웃음이 싫다.

"어디로 모실까요?"

호기심으로 꼬마전구처럼 불이 반짝 들어오던 눈빛과는 달리 운전사의 목소리는 피곤에 절어있다.

"데려다 주고 싶은 곳으로요."

노아가 말한다. 운전사는 더 묻지 않는다. 그는 택시의 운전대를 잡은 이래로 우리처럼 불륜의 산패한 냄새를 풍기는 남녀를 백 번도 넘게 태웠을 것이다. 운전사는 알고 있다. 술로써 죄의식을 희석한, 욕정의 인광(燐光)을 뿜는 남녀가 무엇을 찾아 헤매는지를. 승객은 지시하지 않았지만 그는 지시받은 목적지로 묵묵히 가속기를 밟아간다.

I'm at your disposal · 159

택시는 밤안개 자욱한 도심을 빠져나간다.

 고개만 들면 지도상에서 온천을 나타내는 표지판이 눈 둘 데를 모르게 산견되더니, 절실한 필요로 찾으면 숨바꼭질을 하자한다. 더구나 거리는 소금을 뿌린 듯한 안개의 바다이고, 우리에겐 나침반도 없다. 방향을 일러줄 부표도 떠 있지 않다. 더구나 노아와 나는 똑같이 방향을 가늠하지 못할 만큼 취했다.

 "다 왔습니다."

 노회한 운전사는 우리를 짐짝처럼 부려놓고 꽁무니에 빨간 불을 매단 반딧불처럼 날아간다.

 취한 눈을 들어보니 나그네 려(旅)자와 집 관(舘)자가 보인다. 나그네의 숙소라는 여관이다. 현관문에 달린 풍경이 울리자 내실이라고 문패를 단 방의 손수건만한 유리문이 열리고 여자의 얼굴 반쪽이 나타난다. 노아는 지폐 몇 장을 칫솔 두 개와 바꾸는 것 같다.

 나는 노아가 이끄는 대로 그의 가슴에 안기다시피 기대어 계단을 오른다. 빛이 한 점도 들지 않는 복도의 천장에는 붉은 전등이 희미하게 켜져 있다. 전등은 겨우 방문 앞에 붙은 문패의 글자를 확인할 만큼만 밝다. 어두침침한 복도의 양탄자에서는 퀴퀴한 곰팡내가 난다. 어디선가 샤워꼭지에서 물줄기가 쏟아지는 소리도 들린다. 그가 더듬듯이 방의 번호를 확인하고 예각으로 벌어진 방문을 잡아당긴다. 방문은 약속처럼 열린다. 습한 기운이 끼친다. 습기에는 조악한 비누 향이 실려 있다. 욕실의 문이 열려 있다. 방금 다녀간 누군가의 훈기가 남아 있다.

"미안해요. 좋은 곳으로 모시고 싶었는데……."

그의 혀가 말려 있다. 좋은 곳, 좋은 곳이라…… 보송보송한 침대시트에 탄성이 뛰어난 침대, 덥지도 춥지도 않은 기온과 쾌적한 습도, 곰팡내도 나지 않고 적어도 남이 다녀간 흔적은 지워진 곳. 크리스털 꽃병엔 장미가 꽂혀 있고, 앙증맞은 미니어처 술병들이 키대로 도열한 미니바가 있고, 욕실가운과 슬리퍼가 준비되어 있고, 섬유린스로 헹굼 처리를 해서 밍크처럼 부드러운 타월들…… 창이 있으면 더 좋겠지. 거리의 야경을 바라볼 수도 있으니까.

방을 둘러본다. 벽에 붙은 전등과 이불에 피어 있는 분홍색 꽃이 속악하게 잘 어울린다. 실내를 떠도는 질 낮은 비누의 화학약품 같은 냄새와 뚜껑이 열린 채로 다음 손님을 맞고 있는 텔레비전 앞에 세워진 남성용 화장품의 방향(芳香)은 특히 조화가 잘 이루어지고 있다.

나는 잠깐 노아가 부자인지 아닌지 생각해본다. 그의 씀씀이가 어떠했었던가, 그의 소지품이나 옷들이 고가의 물건이었던가를 가늠해본다.

자동차도, 시계도, 옷도, 구두도, 노아의 소지품보다 내 것이 더 고가의 물건이었다. 그러나 그건 취향의 문제일 수도 있다. 노아의 차는 천장이 높고 차체가 각이 진 SUV였다. 낚시를 좋아하는 그에게 어울리는 차이다. 그의 시계는 감각적인 디자인의 얇고 가벼운 것이다. 나는 롤렉스시계를 찬다. 그리고 몽블랑 필기구를 쓰며 루이뷔

똥 핸드백을 든다.

'좋은 곳'이란 단어가 심장 한 귀퉁이를 찌른다. 내가 허영으로 가득 찬 여자로 비쳤을까. 처음부터 그는 나를 버겁게 여겼는지도 모르겠다.

"둘만 있고 싶다는 마음뿐이었어요."

계면쩍은 말투는 미안함을 나타내고 있다. 그가 나를 안는다. 나도 그의 겨드랑이로 팔을 둘러 등나무 줄기처럼 조인다. 문득 걱정이 앞선다. 머리나 입에서 악취가 풍기지나 않는지 걱정이 된다. 나는 그를 만나러 나오기 전에 이를 닦았음을 상기한다. 그 이후로 무엇을 먹었는지 돌아본다. 마늘을 먹지 않았는지, 해초의 찌꺼기가 잇새에 끼어 부패하고 있지나 않은지, 화장실에서 손을 깨끗이 씻고 나왔는지, 향수냄새가 진하지 않은지…… 자꾸 께름직해진다.

"윗도리를 벗어요. 옷을 입은 채로 이러면 파운데이션이나 루주가 묻어요."

나는 그의 양복 저고리를 벗겨 옷걸이에 건다. 그는 넥타이를 풀려고 매듭에 손가락을 집어넣어 좌우로 잡아당긴다. 목을 조이는 올가미 역할뿐인 넥타이가 이렇게 번거롭게 할 줄은 몰랐다. 나는 겨우 풀어진 넥타이를 받아서 저고리 위에 얹는다. 그가 와이셔츠의 단추를 끄르는 것을 도와준다. 남자의 와이셔츠 단추는 왜 이리 작고 촘촘하게 많이 달려있는지 모르겠다. 내가 앞단추를 끄르는 동안 그는 소매의 단추를 푼다.

여자의 옷은 또 얼마나 켜켜이 양파 껍질처럼 몸을 감싸고 있는가. 몸매를 교정하려 착용하는 코르셋이란 속옷은 입기에도 벗기에도 끔찍하게 불편하다. 빨래를 쥐어짜듯 벗겨 내야한다. 나는 오늘은 코르셋을 착용하지 않았다. 약간의 아랫배가 나와 보인다 하더라도 그편이 나을 것 같았다.

 짙은 밤색의 티크 장에는 전신이 비치는 거울이 붙어 있다. 거울의 테두리 근처는 뒷면의 수은이 벗겨져 검버섯이 피어있다. 거울도 나이를 먹었나보다. 나처럼.

 나는 지난달의 생리가 언제였던가, 따져본다. 오늘은 자칫하면 임신할 수도 있는 날이다. 내가 아이를 낳기에는 너무 늙었지만, 임신의 가망이 없다고 속단하기에는 아직 젊다.

 "신이 우리에게 생명을 주실까요?"

 앙버티듯 곧추서서 검붉은 대가리를 끄덕거리는 그의 남성기를 바라보며 내가 묻는다. 생명의 근원이 거기에 있다. 우리는 성(性)의 근원이 생명의 탄생에 있다는 걸 잊고 있었다. 아니 부정하고 있었다.

 "위험해요?"

 그가 난감하다는 투로 묻는다. 순간 그의 남성기가 위축한다. 섹스란 결코 육체만의 언어가 아니다. 육체만의 언어라면 그의 남성기가 슬그머니 작아질 까닭이 없다. 섹스야말로 지극히 정신적이며 감성적인 게임이다. 거울에 비친 그의 뒷모습이 경직되어간다. 까닭 모를 한숨이 나온다.

"저런 거 사용해야 해요?"

노아의 손가락이 가리키는 곳은 희화적인 만화가 붙어있는 콘돔 자판기이다. 선전 문구 중에 'AIDS 예방'이란 글자와 가격이 유독 굵게 강조되어 있다. 노아의 얼굴엔 기휘의 빛이 역력히 서리고 있다. 그의 성기는 이미 번데기처럼 오므라 들었다.

나도 콘돔이라는 피임기구는 질색이다. 애액하고는 냄새부터가 판이한 젤리며, 얇지만 힘줄처럼 질긴 고무의 감촉이 진저리가 쳐지도록 싫다. 그러나 계획이 없이 급히 서두르는 피임은 콘돔 이외에는 달리 방도가 없다. 나는 피임에 실패해서 임신중절수술을 받은 경험이 있다. 수술은 은밀한 곳으로 파고드는 질경의 섬뜩한 감촉이나 내장까지 훑어내는 것 같은 육체적 아픔보다 죄의식이 더 크게 작용한다. 그런 육체적 고통과 정신적 죄의식이 연상되면 아예 섹스 따위는 하고 싶지도 않다. 죄의식에 비하면 콘돔의 사용쯤이야 아무것도 아니다.

"아니…… 멘스 끝난 지 며칠 안 되었어. 안전해."

나는 애처로운 웃음을 문다.

그가 호수에서 기어 나온 물새처럼 전신으로 부르르 진저리를 치더니 목을 와락 끌어당겨 입술을 더듬는다. 적도의 열기가 한꺼번에 끼친다. 그의 이에 깨물려 잡힌 혀가 끌려나온다. 새벽 강가에 뛰쳐나와 차가운 물을 마시는 목마른 산짐승처럼, 서로의 타액을 남김없이 들이킨다. 솟구치던 애욕이 목젖 안으로 꿀꺽 넘어간다. 입술과 혀가 충돌과 마찰을 반복하다가 자기를 기다리는 구석을 찾아간다.

그의 남성을 손으로 쥔다. 허룩해졌던 그의 남성이 기지개를 켜며 생명체인 양 살아난다. 몸통은 살구색이고 머리는 자두색이다. 청죽(靑竹)처럼 귀태(貴態)가 풍기는 건정(乾淨)한 물건이다.

"자알 생겼어."

손아귀 안에서 점점 뜨거워지는 그의 것을 손바닥 위에 올려놓고 쳐다본다. 그는 대화로써 전희(前戱)를 갖출 만큼 여유가 없다. 그는 신호만 떨어지면 전력으로 튀어나갈 100미터 달리기 주자처럼 조급하다. 어서 빨리 남자로서의 본때를 보여주고야 말겠다는 일념뿐인 것 같다.

우리는 나란히 발을 맞추어 고지를 향해 가야 한다. 덤불 속에 숨은 보라색 꽃의 향에도 취하고, 부등깃을 비비는 산새의 지저귐에도 귀를 기울이며, 물안개 자욱한 폭포가 떨어지는 계곡에서 땀을 식히고, 황금의 광맥을 찾듯 성감(性感)의 소중한 맥을 찾는 놀이를 즐긴다면 더욱 좋겠다.

"좀…… 천천히…… 서둘지 마……."

나는 성급하게 덤벙대는 서툰 장인(匠人)같은 그를 위해 상냥한 안내자가 되기로 한다. 그러나 그는 안내자의 조언은 아랑곳하지 않고 막무가내로 가파른 언덕을 뛰어오른다. 혼자서 저만큼 앞질러 가버린다.

그의 눈먼 손은, 젖꼭지를 새알심 만들 듯이 동글동글 굴리며 놀다가, 이내 양 허벅지 사이로 파고든다. 골짜기와 구릉에는 미끈미끈한 환희의 이끼가 덮여 있다. 그는 무릎을 세우고 꿇어앉은 채로 내 발을 끌어당겨 허공으로 치켜든다. 양 다리를 벌려 어깨 위에 걸쳐놓고 두 손으로 젖무덤을 움켜잡고 힘껏 앞으로 몸을 밀착시킨다. 봄비 뒤에 차져진 흙 속으로 힘차게 뻗어 내리는 소나무 뿌리처럼 그의 물건이 샅 안으로 뜨겁게 파고든다.

그는 늠름하고 당당하게 해자(垓字)를 건너 성주처럼 입성했다. 문지방은 미끄럼틀처럼 유연했고, 그를 위한 목욕물은 온천처럼 열에 끓는다.

성안에서 만난 그는 크지도 작지도 길지도 짧지도 않아서 넘치지도 모자라지도 않다. 포만하지도 초름하지도 않다. 맞춤옷처럼 주문에 딱 들어맞는 것이 조화롭다. 지그시 조여 안아지는 맛이 정겹다.

훅훅, 습한 계절풍이 분다. 그는 격앙된 호흡만큼이나 광량하게 성안을 헤집고 달린다. 나는 격류에 휩쓸리는 수초처럼 사뭇 부대낀다. 성 밖에서 떠돌던 감미가 차츰 성안까지 저리게 퍼져온다. 그는 폭포를 거슬러 오르는 연어처럼 팔팔하지만 자주 지휘봉을 놓친 선봉장처럼 허둥댄다. 땀구멍마다에 파묻혀 있던 쾌감신경이 아우성치며 튀어나와 높은 쾌락의 고지로 인도한다.

쫓기다 쫓기다 더 이상 물러설 데가 없어, 나는 단애 끝에 등대처럼 서 있다. 와락 너울처럼 덮치는 삼나무 향기에 질식한다. 잠시 숨을 고른다. 멀리 아주 멀리서 시간의 고랑을 타고 거슬러 오르는 어린 물고기 떼의 수런거림을 듣는다. 작은 땀방울이 노래하듯이 온몸을 적셔 나가다가 떡잎을 틔우고, 눈만 깜빡이는 꽃들로 몸 틈새마다 피어나고, 마침내 풍선 같은 꽃으로 만개한다.

벌 한 마리 날아와 독침으로 톡 풍선을 쫀다. 화아······ 세상은 온통 향기의 신음으로 가득 찬다. 수분을 빼앗긴 꽃잎은 저절로 낙하한다. 가슴에서 배꼽에서 이윽고 새끼발가락에서까지 허물처럼 떨어진 꽃잎은 어린 물고기가 이끄는 길을 따라 폭포처럼 쏟아진다.

단숨에 절정에 다다른 그는 결국 억제하지 못하고 서두름 속에서 폭발한다. 상황종료의 신호로 그는 내 귓불을 가볍게 물어뜯는다.

해일이 잦아들었다. 깊은 정적이 스며온다. 나는 그의 머리를 감싸 안고 머리카락을 쓰다듬는다. 그의 숨결이 차츰 잦아든다. 풀기가 죽으면서 한없이 부드러워진 그의 물건이 애잔하게 고개를 떨어뜨린다. 그는 내 가슴에 코를 박으며 젖먹이처럼 안긴다. 얼굴 앞으로 두 팔을 모아 쥐고 두 다리마저 꺾어 굽힌 채 자늑자늑해진다. 나는 그의 이마에서 땀에 전 머리카락 몇 오라기를 떼어내고 떫은 감 냄새가 풍기는 머리카락 사이에 얼굴을 묻는다. 언제 강물을 거슬러 가물치처럼 솟구쳤냐는 듯이, 그가 날연한 피로 속에서 연하게 코를 곤다.

Follow me

"나야……."

드디어 '수'에게서 전화가 왔다. 수가 전화를 하는 날은 비가 오는 날이다. 대체로 그랬다.

"난 비가 오면 종이처럼 젖어……."

언젠가 수가 축축하게 속삭인 적이 있다. 그는 비가 오면 사탕처럼 녹는다. 막연한 그리움에 젖는가 보다.

비는 인간의 회귀본능에 불을 지핀다. 비가 오면 고향이 그립고, 어린 날이 그립고, 어머니가 그립다. 모태의 양수에 잠겨서 손가락을 빨고 있을 때처럼 평화로운 시절이 또 있을까. 어둡지만 아늑하고 따뜻한 액체 안에서 생명은 무한히 평화롭다. 살아서는 다시 돌아갈 수 없는 그곳을 인간은 무의식중에 그리는 것이다. 수는 모성의 향수에 젖을 때면 내게 온다.

수는 외모가 준수한 헌헌장부(軒軒丈夫)다. 눈매가 그윽해서 로맨티스트처럼 보이기도 하지만, 외견상으로는 사내다운 매력이 넘친다. 짙은 눈썹과 뭉뚝한 콧방울, 완고한 성격을 대변하는 듯한 대춧빛 입술, 강한 추진력이 담겨 있을 것 같은 광대뼈 등이 검은 피부의 얼굴에 조화를 이루면서 배치되어 있다.

그는 안아주고 싶은 마마보이가 아니다. 안기고 싶은 근육질의 넓은 가슴을 소유했다. 그러기에, 그가 왜 특히 모성이 그리운 날에 나를 찾는지 이해가 안 간다.

나는 남자에게 모성을 느끼게 할 만한 어떤 요건도 갖추질 못했다. 체격은 작고, 푸근하게 느껴질 살집도 없다. 눈빛도 다감하지 못하다. 오히려 날카로운 편이다. 냉정한 인상을 풍긴다고 한다. 허심하게 접근할 수 있는 여지가 털끝만큼도 없다고 한다.

수와 나는 한때 애인이었고 한때 친구였었고 지금은 애인이자 친구이다.

그의 출현은 반갑지만 원망스럽다. 자칭 애인이라는 작자가 이렇게 오래도록 나를 내버려 둘 수가 있는가 말이다.

"만날 수 있어?"

수는 결코 '만나자'라고 말하는 법이 없다. '만날 수 있어?', 라거나 '시간 낼 수 있니?' 따위로 내 의견부터 묻는다. 일견, 상대방의 의사를 존중하는 신사처럼 보일지도 모르겠지만, 그는 언제나 수동적이었고 방어적이었다. 나는 남자의 그 같은 미온적 태도를 싫어한다. 나는 능동적이고 공격적인 남자를 좋아한다. 섬약한 지성보다는 무지한 용맹에 더 끌려든다.

그러니까, 여태껏 그래왔듯이 나는 마음이 내키는 대로

대답하면 된다. 바쁘다거나 피곤하다거나 만날 수 있지만 일찍 헤어져야 한다거나 집에 손님이 오셔서 나가기 힘들다는 거짓말을 해도 된다.

"그럴까? 꽤 됐지?"

딱히 '수'라기보다는 오늘은 누구라도 내 곁에 있어 주었으면 싶다. 바람이 너무 사나워서 혼자 있음이 겁이 난다. 사포로 유리면을 긁어내는 것 같은 바람소리가 오늘따라 음산하게 공기를 가른다. 아침부터 하늘이 중병환자처럼 신음하며 앓고 있었다. 큰비가 오려는지 잿빛 구름이 낮게 깔려 있다. 검은 하늘은 한바탕 몸을 뒤채며 속의 것을 다 토해 놓을 것만 같다. 먼 산 뒤에서 우레가 운다.

아파트 정문을 나서는데 기어이 굵은 빗방울이 듣는다. 나는 커다란 우산을 들었음에 만족한다. 수는 아마도 운전기사를 돌려보냈을 것이다. 키가 크고 체격이 우람한 그가 손바닥만한 우산을 펴면, 제 딴에는 내 쪽으로 우산을 기울여 주는데도 불구하고, 곁에 선 나는 비를 몽땅 맞기 일쑤였다.

"잘 지냈어?"

어깨에 잠깐 손을 올렸다가 내리는 행동은, 그가 나타내는 정다움이다.

"자기가 나 내팽개쳐두는 동안 연애했어. 애도 하나 낳았어. 실연도 했고."

얼토당토않은 농담을 꺼내놓고 보니, 하루종일 시동도

안 걸었던 혀에 윤활유가 뿌려진다.

"그래? 축하해. 애도 낳았다구? 얼마나 예쁜지 함 보자."

내 농담을 그도 농담으로 받는다. 아니 그는 내 거짓말에 어떤 종류의 뼈가 들어있나 탐색하고 있다.

가슴에 핑크빛 하트가 그려진 노란 에이프런을 두른 웨이트리스가 금붕어 어항에 생맥주를 담아온다.

"아비가 버린 애라 고아원에 있지."

"고아원을 위해서 건배하자."

나는 거품의 모자를 쓴 노란 액체를 단숨에 비워 버린다. 그도 윗입술에 묻은 흰 거품을 핥는다.

"우리 아이는 어디 있는데? 너, 우리 아이도 낳았다고 했잖아."

그는 너무 청교도처럼 성에 관한 대사는 농담도 진담도 할 줄 몰랐었다. 내가 찔러보는 식의 선정적인 농담을 던지면 얼굴이 시뻘개져서 허둥대고는 했다.

"그랬던가? 그럼 그 아이가 자기 애였는지도 모르겠다. 나중에 찾아서 유전자 검사나 하자."

커다란 목소리로 우스워죽겠다는 듯이 그에게 대꾸를 하면서도 나는 왠지 슬퍼진다. 그도 벌써 늙은 것이다. 늙은 만큼 넉살이 좋아진 것이다. 늙음이, 늙음에 따라오는 넉살이, 나를 슬프게 한다.

"너 말 너무 쉽게 하지 마라. 니가 장난인 양 툭 던지는 거짓말에 난 젊은 날을 다 버렸잖아."

이쯤에서 화제를 돌리자는 뜻이리라. 그가 금으로 씌운 어금니가 다 보이도록 입을 크게 벌리고 웃는다. 우중충한 뒷면 벽지 배경에도 그의 웃는 모습이 싱그럽게 부각한다. 수는 검은 얼굴인 반면 희고 고른 치열을 가졌다. 피아노건반 같은 그의 치아를 두드려보고 싶다.

"우리 만난 지가…… 봄비, 여름, 가을, 겨울 첫눈에는 전화만 했었고…… 다시 봄, 여름이구나……."

그가 시간을 역류해서 과거의 어느 시점을 한차례 더듬고 온다.

"늙어가면서…… 좀 심했다. 우린……."

"넌 전화하면 안 되니?"

내가 수에게 전화하면 안 될 이유도 없다. 그러나 나는 전화하지 않는다. 그의 회사로 전화를 하면 그는 바쁘다고 한다. 나는 안부만 묻고 끊는다. 그리고는 그만이다. 그에게서는 전화가 오지 않는다. 한 달쯤 지나서 내가 다시 전화를 하면 그는 녹음기처럼 반복된 소리를 들려준다. 한 달 두 달 세월이 흘러가면서 나는 그에게 전화 걸기를 포기하고 전화가 오리라는 기대도 안 한다. 몇 달쯤 지나서 그의 전화가 오면 나도 바쁘다고 해버린다. 내 전화에 그가 친구와의 선약이 있다거나 마누라가 싱크대를 고쳐 달랬기 때문에 일찍 들어가야 한다며 거절했듯이, 내가 원고가 밀렸다거나, 세수하고 화장하고 꾸미고 나서는 게 번거로우니까 집에 있겠다고 한다.

수와 다투지도 않았는데, 오랫동안 소원했던 시절이 있

었다.

봄비가 내리고 있었고 우리는 일식집 목로에 앉아 정종을 마시고 있었다.

"이사 가야 하는데…… 돈이 부족해…… 대출을 받고 싶은데 어느 은행이 이자가 싸?"

나는 정보를 얻고자 물었었다. 그는 웬일인지 조금 초조해 보였다.

"넌, 왜 나한테 돈 얘기하니?"

갑자기 그가 짜증이 섞인 어조로 말했다. 그의 짜증은 의외였다.

"그런 쪽을 잘 알 것 같아서 물어보는 거야. 은행 좀 알아봐 달라고. 내가 자기에게 돈 빌려달란 것도 아닌데……."

"여자란 싫은 남자 앞에서 돈 얘기 한 때문?"

그가 화난 얼굴로 술잔으로 탁자를 탁, 치고는 화장실에 갔다. 나는 그를 기다리며 남은 술잔을 비웠고 담배를 한 대 피웠다. 창문을 난타하는 빗방울이 흘러내리며 주렴처럼 드리워지고 있었다. 음식점 코앞에 차를 세운 사람들도 우산을 쓰고 들어왔다. 계산대 옆에서 하얀 털을 가진 고양이가 생선살을 발라먹고 있었다. 새끼를 뱄는지 고양이의 하얀 배가 바닥까지 축 처져 있었다. 그는 화장실에 간 지 십 분이 넘도록 돌아오지 않았다. 나는 셈을 치르고 음식점을 나와 버렸다.

한 계절이 지나도록 그에게서는 소식이 없었다. 나는 내 전화번호부에서 그를 지워버릴 작정이었다.

수에게서 전화를 받은 날은, 그가 있는 곳만 첫눈이 내린 날이었다.

"첫눈 안 와?"

수화기 저편에서 바로 어제 만났던 친구 같은 목소리가 울려왔다.

"아니…… 안 오는데……."

나도 지난 일 따위는 다 잊은 것처럼 명랑하지도 우울하지도 않은 억양으로 응대했다.

"내가 누군지 알고 대답하는 거니?"

제 딴에는 변성을 했는지 모르지만, 내가 그의 목소리를 잊을 수가 있겠는가.

"나 지금 낯모르는 사내와 시시덕거리는 거야? 자기, 신선한 새것이야?"

"눈 오잖아. 눈이 오기에 전화했어."

창문을 열고 고개를 길게 빼고 먼 하늘까지 살펴보았지만 눈은 오지 않았다.

"안 온대니까. 첫눈을 오매불망 기다리는 사람에게만 내리나 부지. 서울은 너무 커. 다운타운에서는 눈이 오지만 업타운에서는 비가 오고…… 나처럼 착한 사람이 사는 동네는 하느님이 맑은 하늘을 주시지……."

"아마도, 이따가, 오늘 서울지방에 첫눈이 내렸습니다, 라고 아홉 시 뉴스 앵커가 발표를 할 거야. 그럼 온 거지? 첫눈."

"술 생각나는 거야?"

"약간은……."

"난 울 아들놈 양말 사러 나왔어. 저녁 찬거리하고……."

"그래, 그럼 다음에 보지 뭘……."

그래 다음에, 머 죽기 전에 보자. 그렇게 수와는 안 만나도 되는, 무연한 사이로 관계를 회복했다.

수와 마지막 만났던 날은 봄비가 내리고 있었고, 마지막 전화를 받은 날은 첫눈이 왔었고, 오늘은 장마철로 접어드는 여름비가 내리고 있다. 봄비, 여름, 가을, 겨울 첫눈에, 다시 봄, 여름이 왔다. 술을 부르는 여름비가 내리는.

금붕어 어항 같은 피쳐 한 항아리가 금방 바닥이 났다.

"그때 왜 그렇게 나한테 짜증을 냈지?"

"언제?"

나는 재작년 봄비가 오던 날에 일식집에서의 정황을 설명한다. 돌아보니 이 년도 더 지났다. 아득하다.

"아하……."

"말하기 싫음 안 해도 돼. 그냥 찜찜한 대로 지내지 머."

"으응…… 그날 네 전화를 다섯 시에 받았지? 바로 전화를 꺼놓았다가 너와 만나기로 한 찻집 계단을 오르면서 집에 전화했거든. 늦는다는 얘기를 하려는데, 우리 회사 상무님이 돌아가셨다는 거야. 회사에서 전갈이 왔대. 날더러 급히 집으로 오래잖아. 빨리 같이 삼성병원 영안실에 가자고."

"이유가 그거였어?"

"회장의 동생인 상무야. 영안실로 뛰어들어오는 순서나 조의금의 액수가 인사고과에 영향을 미칠만했지. 애 엄마가 더 호들갑이었지. 내일로 미룰 문상이 아닌 줄을 더 잘 알더라고. 만사 제쳐놓고 달려가야 하는 내 처지에 화가 났었어. 너한테 그런 내 모습을 보이고 싶지 않았지. 물론 지금도 이런 부연 설명하기 싫어."

"이해 안 되는 부분이 있지만 넘어가자."

"이해 안 되는 부분으로 말하자면 니가 심해."

"내가 멀. 나처럼 투명한 사람이 어디 있어. 이슬처럼 투명하고 눈처럼 깨끗한 여자가 나 아냐? 연애한 얘기도 이실직고하고 말야……."

"너 정말 연애한 거야?"

그의 시선과 엇갈리게 비스듬히 앉아 있던 내 어깨를 돌려세운다. 그가 놀라고 있음을 내가 눈치챘는데도, 그는 뜨악한 표정으로 눈비음한다. 내가 연애 운운할 때부터 진위를 따지고 싶었으리라. 이마를 맞대고 소곤거리던 옆 탁자의 젊은 남녀가 돌아본다. 그들은 아까부터 나와 수의 대화를 경청하느라 음식은 안먹고 포크를 붙들고만 있다.

"장편소설을 거기까지 썼어. 마지막을 어떻게 마무리하나 팬들의 의견을 수렴하고 있어."

나는 정색을 하고, 절대로 연애 따위는 하지 않은 척,

흥미진진하게 우리의 대화에 귀 기울이는 잠재적 나의 팬을 향해 상큼 윙크를 날린다.
"플롯도 안 짜고 장편을 쓰니?"
수는 아직 의심을 풀지 않은 탐색의 눈빛이다.
"피날레는 유동적이야. 연속극도 시청자들이 주인공 죽이지 말아달라고 사정하면 작가가 살려주잖아."
"현재진행형 냄새가 풍기는데?"
무망중에 목소리가 단단하고 무거워진다. 옆 탁자에서 또 돌아본다. 가지색, 오이색, 남색으로 블릿치 파마를 한 남자는 여자의 어깨에 흘러내린 머리다발을 쓰다듬는다. 남자의 두툼한 귓바퀴를 관통한 은빛 귀고리가 조명을 받아 조악한 빛을 되쏘아준다.
"오버하지 마…… 첫 번째 안(案)은 여자를 떠났던 남자가 돌아오는 거야. 두 번째 안은 새로운 남자가 나타나는 거."
"오는 사람 막지 말고 가는 사람 잡지 마라. 순애보가 아니라면."
수의 음성이 높았나보다. 옆자리의 남녀가 킥킥댄다. 수가 눈살을 찌푸리며 째려본다. 수의 눈총을 맞은 남자는 머쓱해서 고개를 떨어뜨린다.
"그럼 이건 어때? 남자 주인공이 죽고, 여자 주인공은 그녀를 곁에서 주욱 지켜보던 오랜 친구와 애인이 되는 거."
"잠깐, 너 내게 프러포즈하는 거니? 애인하자고?"
수의 목소리가 잦아든다.

"우린 원래 애인…… 아니었어?"

나도 목소리를 한껏 낮춘다. 입김으로 깃털을 날려버리듯이 음절이 끊어진 단어를 불어버린다.

"먼 먼 옛날에 우리가 애인이었지."

그가 바짝 다가앉으며 턱을 고인다. 나는 금붕어처럼 입술을 내밀어 그의 얼굴에 담배연기를 후우 뿜는다.

"너 나한테는 이래도 딴 남자 앞에선 이렇게 입술 내밀어서 담배연기 뿜지 마. 여자의 입술이 이렇게 가깝게 다가오면 남자들이란 다 성욕이 솟구친다고……."

그가 손으로 담배연기를 쫓아낸다.

"후후…… 이건 내가 키스하고 싶다는 제스처야."

내 말을 믿어야 할지 말아야 할지 가르마를 못 타는 그를 바라보는 것이 재미가 난다. 나는 언제나 그의 쩔쩔매는 양을 즐겼다.

나는 그와 마주 앉아있으면서, 그가 나와 섹스하고 싶어서 주체 어지러워하는 것을 자주 감지한다. 여자이기에 남자보다 취약한 부분도 있지만 여자이기에 민감하게 발달한 부분이 있다. 여자란 본능적으로 남자가 원하는 것을 안다. 술잔을 기울이다보면 어느 순간 그의 눈동자가 번들번들하게 풀리기 시작한다. 화제도 슬금슬금 선정적인 쪽으로 흘러간다. 그러면 나는 의도적으로 대화를 돌린다. 환경문제나 재산증식이나 정치나 베스트셀러 등등의 편안한 주제로 대화를 이끌어본다. 그가 신이 나서 떠들 수 있는 화제인 가족의 안부를 묻기도 한다. 그는 아이가 반장이 되었다는 등, 미술대회에서 입상했다는 등의 아이들 자랑으로 열을 올리지만 여전히 눈은 번들댄다. 나는 민감한 더듬이로 그의 속내를 꿰뚫으며, 솟구쳐 올라오는 웃음을 강다짐으로 가라앉힌다.

만약에 내가 아닌 다른 여자가 그의 앞에 앉아있더라도 똑같은 반응을 보일까. 그렇다면 다른 여자는 이 남자를 어떻게 요리할까. 손바닥 안의 공깃돌처럼 가지고 놀까.

그가 문득 내 얼굴을 받쳐 들고 눈을 들여다본다. 나는 그의 검은 눈동자 속에 동그마니 떠 있는 나를 만난다. 눈길이 질기게 얽혀들자 그가 머쓱하게 픽 웃고 만다. 타이어에서 바람이 빠지는 듯이 풀어져버리는 수의 웃음을 맞닥뜨릴 때마다 나도 맥이 풀린다. 이렇듯 맥이 풀릴 때면 떠오르는 생각이 있다.

물의 결빙온도는 섭씨 0도이다. 순수한 물은 영하 4도에서 결빙을 시작한다. 그러나 물리학적 실험에 의해서 영하 26도까지 액체 상태를 유지시킨 기록이 있다. 극한의 안정 상태를 유지하면 물은 더 낮은 온도에서도 고체가 아닌 액체로 존재할 수 있다. 이런 상태를 과냉 상태라고 한다. 이 지극히 위태롭고 불안정한 상태의 액체는 티끌하나만 섞여들어도 순식간에 얼어붙어 고체가 된다.

수와 나는 거기까지였다. 삼십 년 이상 과냉 상태를 유지했다. 인생의 어느 시점에서 우리는 액체가 아닌 고체로 굳어질 수 있었다. 빙산처럼 단단한 얼음이 되고야 말았을 것이다.

아니다. 수와는 그 이상이었다. 과냉 상태였다가 빙산이었다가 산산조각으로 파열했다. 지금은 빙산의 얼음 파편들이 녹아 액체도 고체도 아닌 상태이다. 기체는 더욱 아니다.

사랑이 어떻게 오는가. 나는 해일처럼 온다고 주장한다. 어느 날 문득, 온몸이 감전되는 듯한 전율과 함께 온다고 믿는다.

수는 기탄없이 말하고는 했다. 사랑은 는개처럼 오는 것이라고. 공중에 분무기로 물을 뿜어놓은 듯한 는개처럼 온다고. 물의 작은 입자들이 공중에 부유하다가 압지에 스미는 잉크처럼 어느새 가슴을 적시는 것이라고. 요란한 천둥과 번개를 동반하지도 않고, 우박처럼 폭력적으로 상대방에게 상처를 내지도 않으며, 눈처럼 세상을 온통 하얗게 변화시키지도 않는 물의 가루를 보았냐고 묻고는 했다. 그래서 처음에는 그것이 호감인지 우정인지 사랑인지 자각하지 못하다가, 속옷까지 푹 젖고 난 후에야 사랑에 빠졌음을 실감한다고 했다.

"나하고 이메일을 교환하는 남자가 있어. 그 남자가 며칠 전에 메일을 보내왔는데 말이야. 애인에게 잘렸다는군. 한 달에 한 번도 안 만나 준다고 말이야. 그래서 맴이 쓰리대. 그 사람은 사업이 바빠서 일 년의 반 정도는 외국에서 지낸다는군. 한 달에 한 번도 얼굴을 못 보는 사이가 어찌 애인이 될 수 있느냐면서…… 화도 내고 울면서 떠나갔대…… 어떻게 생각해? 공감이 가는 부분이 있어?"

내가 수에게 온화하게 미소를 물고 묻는다. 나는 그가 흥분하면서 '고무신 거꾸로 신은 여자'를 비난하기를 기대한다.

"인정해."

그가 시무룩해져서 고개를 꺾는다.

"그렇다면…… 나는?"

"할 말 없지 머. 꼭 챙겨줘야 할 연말에도 전화도 못 하고, 생일도 잊고 넘겼고, 잘 만나지도 못하고……, 내가 관리를 못 하고 있으니까……."

"그럼 내게서 잘려도, 내게 애인이 생겨도, 날 원망은 않겠군."

그의 얼굴이 심하게 우그러진다. 남은 술을 난폭하게 입 안에 부어넣는다. 나도 입맛이 쓰다.

수는 나와 같은 초등학교를 나왔다. 중학교 고등학교는 같은 동네에서 살면서 다녔다. 같은 학원에서 재수를 했고 내가 대학에 다니는 동안 그는 군에 입대했다. 내가 결혼식을 올리던 날 그는 병장 계급장을 달고 휴가를 나왔었다.

"니가 고무신만 거꾸로 신지 않았더라면……."

수가 내게 그런 푸념이라도 털어놓은 것은 그도 나도 결혼하고 제법 세월이 흐른 뒤였다.

그와 내가 젊었던 시절에는 나, 수, 수의 친구, 셋이서 하룻밤을 보낸 적이 있다. 그의 친구가 자신의 절친한 친구인 수를 위하여 머리를 쥐어짜서 각본을 꾸몄을 것이다.

"오늘 저녁, 내가 시간 겐세이 해서 미래를 붙들어 줄 테니까 너 잘해봐라."

아마도 수의 친구는 수에게 이런 언질을 주었을 것이다. 수와 나의 데이트에 깍두기로 낀 수의 친구는 막걸리 두 잔을 마시고 나서 웩웩거리며 화장실을 들락거리더니, 토사곽란이라도 난 듯이 죽어 가는 시늉을 했고, 반쯤 시체가 된 그를 수와 내가 양쪽에서 부축하고 술집을 나왔다. 근처의 병원 문 앞에 이르렀을 때 그가 말했다.

"병원까지 갈 것 없어. 그냥 잠시 누워 있으면 괜찮아질 거야."

막걸리 두 잔 마시고 병원에 가서 호들갑을 떨다 망신만 당할 것 같았다. 물먹은 솜처럼 늘어진 그를 끌고 여관이라는 곳엘 갔다. 집으로 가는 마지막 버스가 떠났을 시각이었다. 시체처럼 늘어져 있던 수의 친구는 맑은 공기를 마시면 좀 나아지겠다며 엉금엉금 기어서 나갔다.

그런 우여곡절 끝에 우리는 자정을 넘긴 시각에 밀실에 있게 된 것이다.

천장을 보고 반듯이 누운 그가 말했다.

"이리 올라와 볼래?"

올라오라니, 어디로, 어떻게…… 나도 그가 바라보는 컴컴한 천장을 바라보았다. 내가 그의 말을 잘 못 듣지 않았나, 그의 말뜻을 내가 못 짚고 있는 것은 아닐까, 잠시 어리둥절했다.

영화나 소설에서 보면 으레 가만히 누워 있는 여자의 몸 위로 남자가 올라간다. 적어도 첫 번째 섹스는 그렇게 시작했던 거 같다. 아니면 둘이 마주본 채로 모로 누워서 키스를 하고는 한다. 여자가 남자를 깔아뭉개며 배 위로 오르는 모양은 본 적도 들은 적도 없었다.

내가 모든 동작을 멈추고 있자 그가 내 목 밑으로 손을 넣어 나를 끌어당겼다. 그리고 나를 안아서 그의 몸 위로 올렸다.

"무얼 하자는 거야?"

나는 그가 무얼 하자는 것인지를 정말 몰랐다. 그는, 여자인 내가 그의 몸 위로 올라가서 그의 옷을 벗기고 그의 성기를 애무하고 그의 성기를 내 몸 안에 집어넣는 과정까지를 다 해주기를 바랐던 것이다.

결국, 보풀이 일어나는 입술이 마른 갈잎처럼 스치기도 했고, 단단한 바둑알 같은 치아가 설거지통 안의 그릇들처럼 덜걱거리며 부딪치는 것 같은 키스도 했고, 그의 성기와 내 성기가 마찰을 하기는 했다. 단지 마찰이 있었을 뿐이었다.

그가 사랑한다는 말도 결혼하자는 말도 하지 않았지만, 나는 그가 날 사랑하고 있으며 청혼하는 것이라고 믿었다. 그래서 그의 요구에 어설프게 응했다.

나는 수의 그런 행동으로 인해 내가 알고 있는 성의 지식에 대해 많은 부분 수정을 해야 했다.

첫 시도에서 여자더러 남자의 몸 위로 오르라는, 그러니까 여자 앞에서 여자의 역할을 하려는 남자도 있다는 것, 혈기왕성한 나이에 삽입도 사정도 없는 마찰만의 섹스를 하는 남자도 있다는 것 등⋯⋯.

나중에야 알게 되었지만, 수의 첫 경험이 그랬다. 여자의 공격에 그는 강간당했던 것이다.

사랑하는 남자와의 첫 관계에서 울음을 터뜨리는 여자들이 있다. 사랑하는 여자와 첫 관계에서 울음을 터뜨리는 남자가 있다면, 정말 그런 남자가 이 세상에 천연기념물처럼 존재한다면, 그의 이름은 수였을 것이다. 그는 동정을 잃었음을 슬퍼하고 슬퍼했을 것이다.

그가 그 다음 달에 군 입대를 한 탓도 있지만, 나는 그와 다시는 섹스하지 않았다. 그에게 기회를 주지도 않았다. 그가 첫 휴가를 나와서 나를 찾았을 때도 나는 피했다.

그 분위기가 싫었다. 다시 겪고 싶지 않았다. 음습한 여관방도, 때에 전 눅눅한 이불도 싫었다. 무엇보다도 나는 그의 몸 위로 올라가기 싫었다. 성에 대해서 아무것도 몰랐지만, 남녀의 섹스가 그런 것이라면 다시는 하고 싶지 않았다. 그가 군대에서 제대할 때까지 나는 한 통의 편지도 보내지 않았을 뿐더러 결혼까지 해버렸다.

"자신이 없었지. 미래는 불확실했었고⋯⋯."

수가 주먹으로 탁자를 무겁게 내려친다. 먼 옛날의 일이라 그의 기억에서 잘 가꾸어진 것일까. 그는 아직도 내가 왜 고무신을 거꾸로 신었는지 모르고 있는 것이다. 그리고 섹스뿐만 아니라 모든 남녀의 일에는 남자의 역할과 여자의 역할이 나뉘어 정해져 있다는 것도 전혀 모르는 것이다.

"시절이 그랬어. 만일 자기가 청혼했다 하더라도 동갑내기 남자친구가 번듯한 직장 잡을 때까지 우리 집에서 기다리도록 놓아두지 않았을 거야. 울 엄마, 대학까지 나온 분인데도, 여자는 청과물시장에 내놓은 오이처럼 시기를 놓치면 시집 못 보내는 줄 알고 졸업하기도 전부터 얼마나 서둘렀는데……."

나도 그의 곱게 단장한 기억에 맞춰 마름질 하고 재단을 한다. 추억에 옷을 입힌다.

"내가 청혼했더라도 너한테든 너의 집에서든 난 딱지를 맞게 되어 있었어."

그는 내게 다이아몬드 반지에 눈이 멀어 연인을 배신한 나쁜 여자 배역을 맡기는 중이다.

나는 그의 사랑 방식을 음미해본다. 그는 '속옷까지 젖고 나서'가 아니다. 수는 젖은 속옷이 다 마른 다음에야 그것이 사랑이었다고 깨달을 것이다. 새는 날아가고 상황은 종료되고 상처만 안은 채로, 지난날이 아름다웠음을 비로소 통탄할 것이다.

금붕어 어항이 두 병이 비워졌다.

"내가 왜 널 자주 안 보는 줄 아니?"

"자기 일이 바쁘니까 그렇겠지."

"그게 아냐."

오늘은 참 이상한 날이다. 수와 이런 식의 대화는 별로 나누어 보지 않았다. 구멍 뚫린 하늘에서 쏟아지는 장대비가 땅을 파고 있기 때문일까. 살다 보면 가슴 속의 응어리를 쏟아내고 싶은 날도 있기 마련이다. 빗소리가 하드락의 소음을 파고든다.

"직장이야 잘 돌아가느라 바쁘고, 천사표 남편이니까 여우같은 부인 챙기고 토끼 같은 애들이랑 놀아주고…… 모임도 많잖아. 친구도 많고…… 언제 나 챙길 틈이 나겠어?"

"니가 날 힘들게 해."

"오늘은 좀 취하나 부지? 내가 무거운 짐 들어 달랬어? 힘들긴……."

"넌 내가 무슨 말을 하려면 저지하고, 주제를 빗나가게 하고……."

우린 말짱하게 헤어지는 날이 없다. 왜 다투어야 하는지, 종당에는 무엇이 다툼의 실마리였는지도 모른 채 언성을 높여가며 삿대질을 하다가 돌아선다. 그도 나에게 나도 그에게 쌓이고 쌓인 불만이 산더미이다.

"이제야 문제가 풀리는 거야. 내가 고무신 거꾸로 안 신었어도 자긴 나에게 청혼하지도 않았을 것이고, 실수로 청혼했어도 난 안 받아들였어. 우린 얼굴만 보면 싸우잖아. 이따금 만나도 바가지가 깨지는데 같이 살았다면 날마다 폭탄이 터졌을 거야."

"넌 문학을, 소설을 쓴다는 애가 어쩜 남녀의 심리를 그렇게도 모르니?"

"내가 심리를 모를 리가 있겠어? 난 자기 입에서 능동적이고 적극적인 제안이 나오기를 바라는 거야. 자기가 자기의 본마음을 내게 실토하고 과감하게 행동으로 옮겨주기를 바라는 거야."

나는 드디어 그에게 하고 싶은 말, 꼭 해줘야겠다고 결심한 말을 쏘았다. 나는 이제 다시는 수를 만나지 않겠다고 다짐한다. 일부러 얼굴 맞대고 으르렁거리며 싸워야 할 까닭이 없다. 불쾌지수를 높일 까닭이 없다.

"고 어헤드(go ahead)"

수가 또 피식 웃는다. 어이없다는 표정이다.

"우리는 화해의 통로가 없기 때문이야…… 섹스하지 않기 때문이지. 자기, 부인하고 싸우면 무엇으로 화해를 하지? 남녀 간엔 섹스를 해야 풀리잖아. 우린 섹스가 없기 때문에 한 번 싸우면 일 년도 더 지나서 풀리곤 하지. 그런데, 이건 묻고 싶어. 자기는 언제나 내가 화해신청을 하기 바라지?"

"그래서 엉망진창이야. 널 보면……."

밤새 내린 눈의 무게를 감당하지 못하고 우지끈 나뭇가지가 부러지듯이 대화가 끊겨버린다. 수가 내 담뱃갑에서 담배를 꺼내어 입에 물고 불을 붙인다. 수는 오 년 전쯤이던가, 담배를 끊었다.

"안 피우던 담배를 갑자기 왜……."

수의 눈빛이 독침처럼 찔러서 나는 입을 다물어 버린다. 하루아침에 담배를 끊는 사람은 독종이라던데…… 상종하지도 말라고 했는데…… 그는 독하지는 않은가 보다.

"널 보면…… 안고 싶어서…… 충동을 억제하는 게 힘들다니까."

이십여 년 만에 듣는 고백이다. 단 한 번도 그는 안고 싶다거나 섹스하고 싶다거나, 심지어는 좀 더 같이 있고 싶다고 입을 열어 말한 적이 없다. 그는 두 모금도 빨지 않은 담배를 재떨이에 비벼 끈다. 나는 그가 구겨버린 담배를 집는다. 반듯하게 편다. 필터에 그의 이빨자국이 찍혀 있다. 침이 묻어 젖어 있다. 라이터를 가지고 있던 그가 불을 붙여준다. 투명한 불꽃 뒤에서 그의 눈꺼풀이 파르르 경련을 일으킨다.

"부부싸움하고 각방을 쓰시나 아니면 마나님께서 생리중이신가……."

가까스로 막혔던 대화의 문을 빼꼼 열기는 했지만, 이미 어색한 기운이 둘 사이를 벌려버렸다. 나는 손수건으로 땀을 닦는 척도 하고, 탁자 위에 떨어진 땅콩부스러기를 꼼꼼하게 집어내면서 딴전을 피운다. 이윽고 가능한 한 천천히 피운 담배가 손가락을 태울 만큼 타들어 왔을 때였다.

"넌 평생 내 연인이었어."

그가 신음하듯 중얼거린다.

"누구 맘대로……."

나는 마음껏 빈정거린다.

"너 저 노래 좋아했지? 나 따라올래? 오늘?"

흐르는 음악은 데미스로소스의 '팔로우 미(Follow me)'이다. 듣고 있노라면 심장의 맥놀이가 빨라진다. 선동적이고 저돌적인 비트로 드럼이 운다.

"역시 늦었군. 안 하던 짓을 하면 죽을 날이 가까이 왔다는 뜻이라던데…… 왜 이제야 그런 얘기를 하지? 숱하게 닥쳤던 기회들을 다 망쳐버리고선…… 자기가 군대 가기 전에도 기회가 있었고…… 그리고 세상에서 제일 추웠던 날도……."

나는 입을 닫는다. 그랬다. 수와는 두 번이나 밤을 같이 보낸 적이 있다. 한 번은 그와 내가 미혼일 때였고, 한 번은 삼 년 전 겨울이었다.

남녀가 만남을 거듭하다보면 자연히 섹스의 기회가 닿는다. 쌍방이 동시에 원하고 있다면 기회는 필연적으로 온다. 어느 한순간만은 앞을 가로막는 죄의식도 없어지고, 내일 삼수갑산을 가는 한이 있더라도 오늘은 따뜻하게 숨쉬는 살 속에서 함께 죽고 싶다는 열정에 몸을 떨게 된다.

지옥에 불구덩이가 있다고 한다. 얼음구덩이는 없을까. 만약 지옥에 얼음구덩이가 있다면, 바로 이것이 아닌가 싶게 눈보라가 치고 칼바람이 불고 기온은 영하15도였고 길거리는 빙판으로 얼어붙어서 모든 교통수단은 끊겼던 날이 있었다. 삼 년 전 겨울, 수와 지하의 카페에서 맥주를 한 잔 마시고 밖으로 나왔을 때의 상황이었다.

버스정류장에 간간이 바퀴에 쇠사슬을 감은 버스가 오기도 했다. 버스는 한껏 부풀은 고무풍선처럼 메어터지고 있었다. 마지막으로 버스에 매달리는 남자는 팔의 힘이 좋은 푸시맨 출신 같았다. 빈 택시가 한 대 다가오자 열 명쯤의 건장한 남자들이 행선지를 말하면서 손가락을 두 개씩 펴 보였다. 두 배의 요금을 내겠다는 뜻이다. 그러나 택시기사는 자신의 차고지를 조그만 소리로 얘기해 주고는 가버렸다. 지하철은 끊겼고, 택시는 태워주지 않고, 버스는 꼬챙이처럼 마른 사람이거나 철봉대에 두 시간은 매달리기를 할 수 있을 만큼 근력이 좋은 사람만이 탈 수 있었다.

"집에 못 가겠다. 교통편이 없어. 난 남자니까 사정 얘기를 하고 친구 집이나 여관에서라도 잘 수 있지만……."

그는 말은 편하게 하고 있었지만, 좌불안석이었다.

"외박하면 요강 들고 벌 서니?"

내가 머리에 두 팔을 위로 올려 벌서는 시늉을 하자 그가 입가를 씰룩이며 어색하게 웃어준다.

"넌, 여자니까 외박할 수 없잖아."

"물론이지. 꼭 가야 해. 어떤 경우라도 외박은 용서 않거든. 남편이……."

나는 검은 하늘을 바라보며 우정 걱정스런 표정을 연출했다.

나는 그가 이런 상황에서 어떻게 대처를 하는지 두고 볼 심산이었다. 지금 이 순간 그는 무슨 상상을 할까. 그도 나도 집으로 갈 방법은 거의 없다. 그의 시선이 진눈깨비가 날리는 하늘을 한 바퀴 돌아 건물에 걸린 간판을 훑고 내려왔다. 그가 무엇을 찾고 있는지 나는 알 수 있었다.

호텔이나 여관을 귀신처럼 찾아내는 사람들이 있다. 노련한 낚시꾼이 고기가 잘 물리는 포인트를 짚어내듯이, 호텔이나 여관뿐만 아니라 분위기가 좋은 술집에서부터 카섹스에 적합한 공원까지 두루 꿰뚫고 있는 사냥꾼들도 있다.

소위 말하는 러브호텔이란 교회나 학교 근처에는 없을 것이다. 러브호텔은 큰길에서 간판은 잘 보이지만 현관문은 후미진 골목 쪽으로 나있다. 설령 현관이 큰길 쪽으로 뚫려있다 하더라도 후문이나 비상구는 행인의 눈에 잘 뜨이지 않는 어두운 곳에 숨어있다. 비상한 후각으로 그런 곳을 잘 잡아내는 꾼들이 있다. 그러나 수는 절대로 꾼이 못된다.

그는 미혼일 때도 그랬지만 현재는 부인이 있는 남자로서 남편이 있는 여자에게 섹스를 제안할 만한 인물도 못된다. 그런 사련(邪戀)은 영화나 소설 속에서나 가능하다고 생각하는 남자이다. 오랜 세월 그를 관찰하여 내린 결론이란, 그에게 있어서 섹스란 사랑의 과정일 뿐이지 수단은 아니며 결코 오락도 아니었다.

그는 내가 유혹해 주기를 바란다. 자신의 도덕성의 제단에 바칠 제물이 있어야 하지 않겠는가. 그녀가 유혹했으므로, 피할 수 없었다는 식의.

"설마 숙녀를 길에서 얼어 죽게야 안하겠지."
"거의 천재지변이잖아. 친구네 집에서 잤다고 해."

"후후…… 네가 만약에 내 남편이라면…… 한밤중이라도 친구네 집에 전화 안하겠니?"

병신, 쪼다…… 나는 입속에서 맴도는 말의 꼬리를 어금니로 질근질근 썰어냈다.

"좌우간 서 있으니까 더 춥다. 좀 걷자."

그가 목도리를 풀어 내 목에 감아서 여며준다. 잘게 빻아놓은 차가운 유릿가루 같은 진눈깨비가 볼을 엔다. 살갗이 찢어질 것만 같다.

"누군 좋겠다. 애인하고 뜨듯한 아랫목에서 빠구리나 치고……."

수는 키가 크다. 제대로 팔짱이 끼워지지 않는다. 내가 미끄러지지 않으려고 그에게 매달려서 버둥거리는 양을 보고, 길을 가던 불량배가 깔쭉댄다.

"여자 남자가 데이트하는 것을 보고 놀리는 말은 옛날하고 하나도 달라지지 않았어."

수가 혼잣말처럼 중얼거린다.

춥다. 매 시간마다 기온이 1도씩 강하하는가보다. 스케이트를 타듯 비틀거리며 눈길을 한 블록이나 걸었을까, 길가에 세워진 차에 올라타는 남자가 보인다.

"잠깐만…… 내가 저 남자에게 부탁을 해볼게."

수가 내 팔을 떼어내고 그에게 달려가더니 뭐라고 말을 붙인다. 나는 멀찍이 떨어져서 시린 발만 동동 굴렀다. 수가 내게 이리 오라는 손짓을 한다. 흥정을 끝낸 것 같다.

삼십대 초반의 회사원인 자가운전자는 십 분쯤 차의 바

퀴를 굴리다가 우리를 길에 부려놓고 갔다. 여관들이 모여 있는 골목의 앞길이었다.

"어디 내려 달라고 했어?"

"아무 데나 가까운 호텔…… 어떻게 해…… 길에서 떨 수도 없고, 집에 갈 교통수단도 없고……."

"우와…… 용기 좋네."

나는 그가 생판 초면의 사람을 붙들고, 아무 데나 가까운 호텔을 찾아달라고 할 만한 숫기는 없으리라고 짐작했었다.

골목에는 열 개도 넘는 숙박업소가 있었는데, 모두 만원이었다. 나그네의 집이라는 여관이 밀실을 필요로 하는 남녀의 방앗간으로 애용되고 있는지가 어디 하루 이틀의 일일까 마는 좀 심하다 싶었다. 머, 다 우리 같은 딱한 처지 사람들이겠지…….

그렇게 해서 우리는 간신히, 이번에도 우여곡절 끝에 우리의 밀실로 숨어들었다.

새삼 느끼는 바이지만, 남녀의 관계는 참 묘하다. 십 수 년 전이라 하더라도 수와 성관계가 없었더라면 아마도 우리는 그냥 길에서 동태처럼 얼어갔을 것이다. 아니, 방 한가운데 덩그마니 침대가 놓인 방에 들어와서도 우리가 무엇을 할 수 있을까, 저 외설스런 침대가 우리에게 수면 이외에 어떤 용도로 필요할까, 멍하게 서로의 얼굴만 바라보고 있었을지도 모른다.

"우리가 섹스 못할 이유를 대봐."

그가 코트를 벗어 옷걸이에 걸며 내게 항의를 한다.
"합당하고 정당한 이유를 대라는 거야?"
나는 터져 나오는 웃음을 참으며 진지하게 묻는다. 그는 자신의 도덕성을 수호할 핑계로 영하의 날씨를 희생시키고 싶고, 내가 적극 동조하기를 바라고 있다. 나는 죄의식에 떨고 있는 그를 바라보며, 아마도 그는 십여 년이 넘는 결혼생활 동안 단 한 번도 외도를 해보지 않은 남자가 아닐까, 라는 생각을 한다. 김이 팍 샌다.
"욕조에 물을 좀 채워봐."
텔레비전을 켜고, 냉장고에서 캔맥주를 꺼내고, 앉지도 서지도 못하고, 안절부절못하고 있는 그에게 내가 그의 할 일을 부여한다.
한때 우리는 풋내 나는 사랑을 했다. 그 사랑은 깨졌고 꺼졌고, 불씨도 남아있지 않다. 다시 타오르지 않는다. 단지 기억뿐이다. 우리가 연인이었던 사실, 우리가 서로 몸을 섞은 적이 있다는 사실을 우리는 기억의 곳간에 갈무리하고 있을 뿐이다. 잊혀지지 않으므로, 잊으려 해도 잊을 수 없는 사건이었으므로.
그 사실이 중요한가.
언 몸을 녹인답시고 그와 나는 욕조에 물을 채워놓고 들어가 앉았다. 처음 보는 그의 알몸이었다. 낯설었다.
나는 실뱀이 호수를 건너가듯 그의 발을 간질인다. 푸른빛이 도는 발의 정맥, 물풀보다 가늘게 흔들리는 다리의 털…… 나는 그의 언 다리를 쓰다듬는다. 그는 고개를 쳐

들고 앉아서 꿈쩍도 안 한다. 그가 무슨 생각을 하는지 무엇을 바라보고 있는지 보이지 않는다. 나는 그의 발을 주무르며 그 옛날 만져본 적이 있는 그의 몸을 기억해내려고 노력한다. 감촉의 기억은 없다. 그는 완벽하게 새로운 남자이다.

"이리 와 볼래?"

이리와 보라고? 그는 새로운 남자가 아니었다. 옛날에, 이리 올라와 볼래?, 라고 말했던 남자인 것이다. 그는 왜 여자인 내가 나서서 남자인 자기에게 애무해주고 키스해주기를 바랄까. 나는 못 들은 척한다. 욕실은 뿌연 김이 서려 시야가 막막하다. 이마에 땀이 송글송글 맺힌다. 눈물인지 땀방울인지 모를 물방울이 또르르 굴러떨어진다.

이리 와 볼래, 라고 내가 못들은 줄 알고 그가 조금 큰 소리로 말한다.

"싫어."

나는 욕조의 물 속에 머리까지 처박는다. 숨이 막히다.

목욕타월을 몸에 감고 나오니 그는 맥주를 마시고 있다. 텔레비전에서 흘러나오는 불빛이 그와 가구의 윤곽만을 실루엣으로 살려주고 있다.

"집에 전화했어?"

그가 고개를 끄덕인다.

"머라 그랬어?"

"그냥……."

"집 걱정하는 거야?"

그의 얼굴에 서린 근심에서는 여실하게 집 냄새가 난다.
"지난주에 같이 스키를 타러 갔는데 애 엄마가 손을 다쳤어. 오늘 내가 일찍 들어가서 집안일을 거들어주기로 했거든……."
아아, 지금이라도 이 착하고 순진한 가장을 홈 홈 스윗 홈으로 등을 밀어 보내야 하는 것이 아닌가.
"걱정되면 가. 나가보면 방법이 있을 거야. 난 혼자 사는 친구에게도 남편에게도 다 전화해 놓았어. 아침에 친구네 들러서 알리바이 맞추어야지."
나는 그가 따라주는 맥주를 단숨에 들이켜고 침대에 몸을 던진다.
내가 침대에 몸을 던지지 않았다면 그는 나를 침대까지 이끄는데 얼마나 시간을 소비했을까. 또, 이리 와 볼래? 라고 가냘프게 중얼거렸을까. 아니면 밤이 새도록 어둠 속에서 맥주잔이나 핥으며 앉아 있었을까.
그가 내 곁에 몸을 눕힌다. 돌아누운 내 등에 손가락으로 글씨를 쓴다. 우리 둘의 이름을 쓰고 있다. 나는 돌아누우며 그의 각진 어깨를 끌어당긴다. 가슴팍이 실팍하다. 따뜻하다, 따뜻하다, 따뜻하다…….
"옛날하고 똑같다."
내 몸에서 떨어져 나가며 그가 또 알쏭달쏭한 말을 했다. 나는 무엇이 똑같은 가를 묻기 전에, 곰곰이 옛날을 돌아본다. 무엇이 똑같은가. 옛날처럼 천장을 바라보고 반듯이 누워있는 그가 해답의 열쇠를 쥐고 있을 것이다.

"무엇이 똑같아?"

나는 끝까지 참을 만큼 인내심이 질기지 못했다.

"옛날에도 사정하지 않았잖아."

그가 낮게 내뱉는다.

맞기는 맞다. 그는 왜 사정을 안 하는 것일까. 아니면 못하는 것일까. 사정을 안 하는 섹스를 나누는 상대방의 기분을 그는 알까.

너하곤 정말 재미없어서 싫어서 못 하겠어…… 도대체 넌 단 한 번이라도 여자를 만족시켜 본 적이 있니? 만족시키려고 노력해 본 적 있니? 너 마누라하고도 이렇게 하니? 너하고는 단지 친구였음 좋겠어, 편한 친구. 내가 섹스를 나누는 다른 짝을 찾는다면 너는 나를 비난하겠지. 네가 날 고무신 거꾸로 신었다고 비난했던 것처럼, 다시 나를 나쁜 년이라고 마구 욕하겠지. 나는 멱까지 차올라오는 아우성을 삼키며 돌아누웠다.

"다른 얘기하자. 거절할 줄 알았어."

먼 과거의 기억을 헤집느라 대답을 잊었나보다. 그는 나의 무언을 거절이라고 단정 내린다. 옆자리의 남녀가 킥킥 웃음을 터뜨린다. 나는 뒤늦게 그가 무엇을 물었는지 무엇을 원하고 있는지 생각해 낸다.

"'팔로우 미'라고 그랬니? 오늘밤 같이 있자는 뜻이었니?"

내 공격적인 물음에 그는 픽 자조적인 웃음을 잇새로 흘리며 내 앞의 빈 잔에 술을 붓는다. 그는 거품이 빠져버린 맥주를 자작으로 꿀꺽 들이킨다. 나도 쓴 약을 먹듯이 더할 말을 술과 함께 목구멍으로 넘긴다. 옆 탁자의 남녀는 아예 얘기는 멈추고 우리 쪽을 주시하고 있다.
 "나 집에 갈래."
 그가 뭐라고 반문할 틈도 주지 않고 나는 밖으로 나온다. 황급히 뒤따라 나온 그가 품에서 수첩을 꺼내 낱장 몇 장인가를 부욱 뜯어내서 내게 내민다.
 "집에 가서 읽어봐."
 "읽지 않고 버려도 되지?"
 "그건 니 맘이야. 언제나 니 맘이었지만."
 나는 종이를 주머니에 쑤셔 넣은 채 돌아선다. 돌아보지 말자. 수가 비를 맞고 가든 말든, 내 욕을 하든 말든, 집으로 돌아가 지 마누라를 품든 말든, 혼자서 마스터베이션을 하든 말든…… 내 알 바 아니다.
 벼락이 시퍼런 불의 칼을 휘둘러 불온한 검은 하늘을 두 쪽으로 찢는다. 나는 빗속으로 뛰어든다. 젖은 치맛자락이 종아리에 감겨 발걸음이 떼어지지 않는다. 오늘 밤에 100밀리미터 넘는 집중호우가 퍼붓는다고 했다. 살생도 서슴지 않고 해치우려는 듯이 빗살이 폭력적으로 대지를 난자한다. 우산은 무용지물이다. 나는 비를 맞기로 한다. 머리카락에서 뚝뚝 떨어지는 빗방울이 눈 속으로 스민다. 울고 싶었는데 눈에선 눈물 아닌 빗물이 펑펑 솟는다. 물무늬가 슬프게 어른거린다. 노아를 잃은 것처럼 수도 영영 잃을 것 같다.

재앙

 오늘 밤부터 태풍이 전 국토를 강타한다고 라디오와 텔레비전에서 시끄럽게 떠든다. 미리미리 대비하라고 한다.
 우리 집의 천장이 샌다. 비가 오고 난 맑은 다음 날 샌다. 지은 지 이십 년이 넘은 아파트의 꼭대기 층이라 헌 곳이 한두 군데가 아니다. 비바람이 거세게 몰아치면 옥상의 통풍구로 물이 지쳐 들어간다. 작년에 큰비가 온 다음 날도, 지난번 작은 비가 온 다음 날도, 천장 아래에 양동이를 받쳐놓고 낙수를 받아냈다. 아파트 관리실에서는 수리를 했다고 한다. 전에도 완벽하게 고쳤다는 말을 듣고 안심했는데 여전히 비는 샌다. 관리실에 다시 한 번 닦달하는 수밖에는 내가 할 일은 없다. 이렇게 예고하고 덮쳐오는 재해도 어이없이 당하고 마는데, 어떻게 불시에 닥치는 재앙을 피한단 말인가.
 수를 만나고 들어와서, 비에 흠뻑 젖은 스커트를 세탁하려고 주머니를 까뒤집다가 수가 건네준 종이쪽지를 발견했다. 종이는 흐물흐물 해져서 글자들도 뭉개져 있었다. 종이에는 난수표처럼 숫자만 적혀있었다. 나는 난수표를 들여다보며 연구하고 있을 만큼 한가하지가 않다. 버리려고 쓰레기통 쪽으로 가는데, 맨 윗줄에 내 집 전화번호인 1073이 눈에 띄였다. 나머지도 누군가의 전화번호인가. 숫자들을 읽어 내려갔다. 첫 행도 두 번째 행도 첫 숫자는 분명 연월일을 나타내고 있었다. 머릿속에서 안개가 걷히면서 촉촉한 봄비가 내려왔다.

"1073…… 저 택시 타라. 니네 집 전화번호하고 같잖아. 행운의 번호일 거야."

택시정류장에 도열해 있는 택시 중에서 맨 앞차에 올라타려는 나를 수가 말렸다. 뒷사람에게 순서를 양보하며 세 번째로 대기하고 있던 1073번의 택시를 탔었다. 그러니까 1073은 재작년 봄비 내리던 날, 수와 헤어지면서 내가 탔던 택시의 번호였다.

늦은 시각에 헤어지면서, 그는 내가 타고 가는 택시번호를 적어두었나 보다. 물론 택시번호 앞의 숫자는 그와 내가 만난 날이다. 연월일과 택시번호가 적힌 숫자의 행이 스무 줄이 넘었다. 첫 줄의 시작은 일곱 해 전이었다. 숫자가 적힌 앞장이 더 있는지, 그전에는 적지 않았는지, 수첩을 개비했는지 알 수 없다. 그가 집까지 바래다준 적도 있으니까 우리는 스무 번보다는 훨씬 더 많이 만났다. 우리의 연륜을 확인하자는 뜻일까.

"삼십 년이면 영속되어온 관계 아냐?"

수는 가끔 내게 묻고는 했었다. 그의 이름은 삼십 년 전부터 내 뇌리에 박혀있었다.

"영원히 지속되어왔다고? 아니지, 간헐적으로 만났을 뿐이지."

수가 주장하는 영속관계와 내가 주장하는 간헐적 만남에는 간극이 있다. 고작해야 일 년에 한두 번 전화하거나 얼굴을 대할 뿐이면서, 영속되어온 관계라고 감히 말할 수 있단 말인가. 맑고 화창한 날은 자신의 일상에 묻혀 지내다가, 어느 날 문득 전설처럼 비가 내리면, 신발장 구석에 고무장화가 있음을 기억해내고 곰팡이가 핀 장화를 꺼내신듯이, 나는 그가 일상에서 일 년에 한두 번이나 찾는 장화가 아니었던가.

또한 '영원'이나 '완전'이라는 단어는 인간이 사용하는 단어가 아니다. 신의 영역이다. 인간은 아무리 노력해도 영원할 수도 완전할 수도 없다. 영원이란 얼마나 지겨운 단어이며, 완전이란 얼마나 희망이 없는 단어인가. 수가 함부로 내뱉는 '영속'이란 단어를 나는 비웃어주고 싶다.

다시 태어나도 당신만을 사랑하리라는 노래도 있고, 우리 저세상에서 만나 영겁의 세월을 통해 못 이룬 사랑을 마저 태우자는 시도 있다.

다시 태어나도 당신만을 사랑하겠다고 노래할 진솔한 사랑이 있을까. 다시 태어나도, 라는 가정은 실현 불가능하며 절대로 현실에서는 이루어지지 않기 때문에, 함부로 남발하는 말이다.

나는 다시 태어난다면 여자로 태어나고 싶지 않다. 남자로 태어나고 싶다. 남자로 태어나서 여자를 사랑하리라.

시행착오도 없고, 실패도 없는 완전한 사랑을 하리라. 내가 사랑한 여자가, 내 사랑 안에서 죽어도 여한이 없노라며, 다시 태어나도 당신의 여자이고 싶다고 노래할 만큼 흡족하게 사랑해주겠다.

그러나 누구나 안다. 다시 태어날 수도 없고, 다시 태어난다고 해도 전생을 기억할 수 없는 한 나는 내가 아니다. 다시 태어난다고 하는 것은, 고작해야 공상이고 헛된 망상이라는 것을 알기 때문에 상대방이 듣기 좋으라고, 상대방의 반응을 보려고, 상대방이 내비치는 사랑의 무게를 저울에 달아보려고 시험하는 말이다.

차라리 '다시 태어나도 당신만을 사랑하겠다.'는 무책임한 맹세보다는, 지키지 못할지라도 결혼식에서 주례의 물음에 대답하는 '죽는 날까지 당신만을 사랑하겠다.'는 맹서가 차라리 애교스럽다. '다시 태어나도'는 비겁한 자의 비상구이고, '당신만을 영원히'는 얼마나 아득하고 절망적인가. 차라리 나는 지금 이 순간 너만을 사랑한다는 말을 듣고 싶다.

근래에 나는 세 건의 죽음을 만났다.

첫 번째는 대학 동창생인 송이 남편의 죽음이다. 송이의 남편은 귀갓길에 집 근처의 포장마차에서 술을 마시고 나오다가 불량배들과 시비가 붙었다는데, 불량배가 그의 정수리를 돌로 쳤다고 한다.

송이 남편의 사업체가 부도가 나고, 몇 달 전에 서울 변두리의 연립주택으로 이사를 한 것까지는 들어서 알고 있었다. 재산을 정리하여 새로운 사업에 투자하는 등, 재기를 위한 발버둥을 치고 있는데, 의도대로 잘 풀리지는 않는 모양이라고 동창생들은 혀를 찼다.

 불행은 늘 어딘가에서 검은 아가리를 벌리고 예고 없이 덮친다는 것을 누구나 잘 알고 있으면서도 불행을 맞을 준비에 소홀하다. 대부분 사람은 그 불행의 함정을 자신만은 건너뛸 수 있으리라고 믿는다. 거의 매일이다시피 신문의 사회면이 이웃의 참사로 채워지고 끔찍한 사건들이 방송매체를 통해 전달되지만, 강 건너 불을 보듯 덤덤하게 지나친다.

 송이 남편의 죽음은 내게도 충격이었다. 그는 겨우 환갑을 넘겼다. 죽기에는 꽃다운 나이이다. 스무 살까지는 삶을 누렸다기보다는 누리기 위한 성장의 세월이었고, 스무 살 이후를 누린 세월로 친다면, 겨우 사십 년 영위한 삶이다. 자식들은 자립하지 못했을 것이고 과부가 된 내 친구는 아무런 생계대책이 없을 것이다. 보험이나 들어두었을까. 얼핏 듣기로 송이의 남편은 처가의 선산까지 담보로 넣고 은행대출을 받았다던데…… 송이와 자식에게 부채까지 상속하지나 않았는지.

 사람이란 타인의 불행을 보고 나서야 자신의 안위를 돌아보는 속성이 있다. 나도 부음을 듣는 순간 한동안 의식을 수습하지 못했었는데, 잠시 후 정신을 차린 나는 그녀의 불행을 슬퍼하기에 앞서 나와 내 가족의 무사함에 안도했다. 나는 슬픔에 젖어있는 송이에게 그녀가 단지 동정으로 받아들이지는 않을까 염려하며 조의금을 건넸고, 입에 발린 위로의 말을 몇 마디 해 줬다. 빈소에서 돌아오는 길에, 어제와 다름없이 초롱초롱 떠 있는 별을 보며 내게 달라진 것은 아무것도 없다고 나를 얼렀다.

대부분 사람은 행복을 끝없이 유보하면서 살아간다. 학교를 졸업하고 좋은 직장에 취직을 하면, 내 집과 차를 사면, 승진해서 집의 월부금을 다 갚고 나면, 아이들이 크면, 드디어 경제적 안정이 오고 마음의 여유가 생기면서 즐거운 삶이 도래할 것이라고 현재의 자신을 타이르며 하루하루를 연명한다. 언젠가 펼쳐질 유토피아를 꿈꾸며 쓰디쓴 인내의 약을 삼키는 것이다. 행복에의 기대만으로 아픈 삶을 사는 가운데 시간은 덧없이 흘러가는 것이다. 인생의 각 단계에서 지금 이 시기를 벗어나게 되면, 틀림없이 나은 세상이 온다고, 고생 끝에 낙이 온다고, 최선을 다한 후, 은퇴했을 때 비로소 완전해지리라고 믿는다.

일흔여섯 살의 재벌총수가, 나는 노후에 아산만에 내려가 농사를 지으며 보내겠다고 했다. 일흔여섯 살의 노인에게 노후는 언제일까. 일흔여섯 살은 보통사람이 생각하는 노후이다. 보통사람이라면 이미 은퇴했을 것이며 무릎에서 증손주의 재롱이나 볼 나이인 것이다. 결국 재벌총수에게 노후는 없었다. 죽는 날까지 현역종사를 하다가 별이 지듯 졌다.

내게도 인생을 힘들게 밟아오면서 진정한 인생이 막 시작되려는 것 같은 순간들이 있었다. 그러나 급히 해결해야 하는 장애와, 미처 마치지 못한 숙제가 험준한 준령처럼 앞을 가로막았다. 고민 끝에 장애를 넘고, 난관을 극복하는 사이에 얼굴은 주름으로 쭈그러졌고 등은 굽었다.
 옛날 옛적에 남진이라는 가수가 불렀던 '님과 함께'라는 유행가가 있다.

 저 푸른 초원 위에 그림 같은 집을 짓고 사랑하는 우리 님과 한 백년 살고 싶네.
 봄이면 씨앗 뿌려 여름이면 꽃이 피고 가을이면 풍년 되어 겨울이면 행복하네.
 멋쟁이 높은 빌딩 으스대지만 유행 따라 사는 것도 제멋이지만,
 나는 좋아 나는 좋아 님과 함께면 님과 함께 같이 산다면……

 재미있는 가사와 흥겨운 가락에 더하여 가수의 현란한 무대의상과 율동 때문에 인기가 좋았었다. 나도 그 노래를 들으면 흥이 나서 절로 어깨가 들썩여지고는 했다.
 "참 슬픈 노래야."
 나이가 생각나지 않는 아주 어렸을 적의 기억이다. 우리 집의 연탄광에 연탄을 들인 늙수그레한 아저씨가 토방 끝에 걸터앉으며 말했다. 나는 라디오를 틀어놓고 마루에 앉아 다리를 건들거리며 어른처럼 '님과 함께'를 따라 부르던 중이었다. 연탄배달 아저씨는 눈길은 먼 산 흰 구름

에 걸어놓고 라디오에서 나오는 노랫말을 입속으로 읊조리면서 한탄했다. 그는 참으로 슬픈 표정을 짓고 있었다. 눈물이 금방이라도 뺨을 타고 흘러내릴 것 같았다.
"아저씨 저 노래가 슬퍼요?"
나는 의아해서 그에게 묻지 않을 수 없었다.
"그럼, 슬픈 노래란다."
담배를 그렇게 맛있게 피울 수가 있을까. 아저씨는 목에 둘렀던 수건으로 연신 콧잔등이며 이마에 묻은 검댕이와 땀을 훑어내며 양 볼이 마주 닿도록 담배를 빨아들였다가 뿜어냈다. 히유…… 담배연기에 섞여 한숨까지 풀어내는 아저씨의 눈은 공허했다.
같은 노랫가락이라도 자신이 처한 상황에 따라서 슬프게 혹은 기쁘게 들릴 수도 있다는 생각은 그 후 이십 년도 더 지나서 찾아왔다. 빨강색은 정염의 불꽃이나 꽃의 여왕인 붉은 장미의 상징만이 아니라, 칼로 베인 상처에서 섬뜩하게 솟아나는 핏방울을 상상하게 한다. 대부분 무지개를 보며 형형색색의 물방울의 신비함에 감탄사를 연발한다. 하지만 소나기가 긋고 지나간 하늘로 뒤따라 가버릴 허무한 아름다움에 눈물 짓는 감성에 대해서는 그때까지는 몰랐었다.
저 푸른 초원에 그림 같은 집을 지을 능력도 없고 사랑하는 우리 님도 없는 연탄배달부에게는 가슴 아픈 슬픈 노래였으리라. 남의 집 장작을 패주거나 연탄이나 무거운 짐을 수레로 나르고 삯을 받아 하루를 버티는 그에게는 집도 아내도 노후에 행복해지리라는 희망도 없었다. 희망이 없는 인생에게 행복한 미래를 꿈꾸는 자의 노래는 슬픔을 안겨주었다. 봄이면 씨앗 뿌려 여름이면 꽃이 피고 가을이면 풍년 되어…… 인생의 봄과 여름은 갔고 봄에 씨앗을 뿌리지 않았으므로 추수할 곡식이 없는 그는 풍년을 기원할 수 없었다. 내게는 분홍빛 희망인 노래가 그에게는 잿빛 절망이었다.

그 후에, 나는 어쩌다 노래방엘 가면 '님과 함께'를 틀고는 했다. 그리고 과장된 제스처로 노래 한 소절이 끝날 때마다 후렴 구절을 달고는 했다. 저 푸른 초원 위에, 지랄하고 자빠졌네. 그림 같은 집을 짓고, 지랄하고 자빠졌네. 사랑하는 우리 님과, 지랄하고 자빠졌네. 한평생 살고 싶어. 지랄하고 자빠졌어…….

내가 송이에게 희망을 가지라는 뜻으로 이 노래를 부른다면, 그녀는 '지랄하고 자빠졌네.'라는 후렴 구절을 달 것이다. 이러한 장애가 바로 인생이 아니냐고, 행복에 이르는 길은 멀지 않다고, 행복은 현재 걷고 있는 길 바로 그곳에 있다고 말한다면, 그녀는 어이가 없어서 입을 닫아 걸리라. 입장이 바뀌어서 지금 내가 송이의 처지에 있는데 누가 내게 파랑새는 결코 날아가지 않았고 네 가슴에 깃들어있다고 얄팍하게 속삭인다면, 나는 상대의 따귀를 한 대 갈려주겠다.

그러나 어쩌란 말이냐. 넘기 힘든 난관에 도전하는 것, 어떤 상황에서도 행복해지기로 이를 악물고 결심하는 것,

이것이 행복한 삶을 살기 위한 최선의 방법이다.

누군들 상처받지 않고 살아갈 수 있을까. 어떠한 불행도 나를 비켜 가리라고 장담할 수 있을까. 사람이란 의식을 하든 못하든 무시로 상처를 주는 것들을 접하며 살아간다. 그 재앙이 물론 당사자가 겪어내야 할 몫임에는 틀림이 없지만, 주변의 누군가는 그 고통의 농도를 희석시켜 주거나 상처의 아무는 속도가 배가 되도록 도움을 줄 수는 있으리라. 만약 내게 비슷한 재앙이 닥쳤을 때 힘이 되어 줄 누군가가 있을까……

두 번째는 결혼을 앞둔 사십대 노총각이다. 지난 5월 24일이 결혼식 예정일이었다. 결혼을 앞둔 그는 기쁨에 들떠 있었다. 그의 신부가 될 여인은 제법 유명한 연극배우였다. 나는 그가 내가 잘 아는 분에게 주례를 부탁하는 자리에 함께 있었다. 예비신랑은 5월 2일에 지하도 계단에서 헛발을 딛고 미끄러지면서 뒷머리를 계단 모서리에 찧었다 한다. 그는 뇌진탕으로 어이없이 불귀의 객이 되었다.

그를 만나던 날, 그는 로만칼라의 와이셔츠에 황토색 양복을 입고 있었다. 결혼의 꿈에 부풀어 있던 예비신랑은, 우리에게 미래의 설계도를 펼쳐 보였다. 신부를 세상에서 가장 행복한 여인으로 만들어주겠다는, 지금은 작은 평수의 전세 아파트지만 열심히 일해서 전원주택을 짓겠다는, 아이는 엄마를 닮은 딸을 하나만 낳고 싶다는 등의 떠오르는 해 같은 이야기를 끝도 없이 했었다. 농담을 던져도 편해질만큼 분위기가 화기애애하게 풀어졌을 때, 누군가가 그에게 신부와 섹스를 해보았느냐고 물었다. 그는 대답하지 않았다. 그냥 벙긋벙긋 벌어지는 입을 다물지 못하고 연신 웃음만 물고 있었다.

"요즘 세상에, 그것도 서른을 넘긴 남녀가 섹스도 안 맞춰보고 결혼하는 사람들 있어요? 살아보고 결혼하는 젊은 이들도 많지 않아요?"

예비신랑의 답을 유도해 내려고 누군가 짓궂은 장난을 쳤다.

"대다수의 연인이 그런다고 해서 모두 그렇지는 않습니다."

"오호…… 그럼 아니라는 뜻이네……."

그가 뻔한 거짓말을 하고 있음이 얼굴에 적나라하게 쓰여 있었다. 자신의 부인이 될 여자의 정숙함을 남들에게 보여주고 싶은 것이리라.

그들이 섹스를 나눈 사이이건 아니건 무슨 문제 삼을 것이 있겠는가. 결혼식을 올리고 석 달 만에 떡두꺼비 같은 아들을 낳는다고 해도 웃으며 축하나 해 주면 되었지 누가 그를 거짓말쟁이라고 책문하겠는가.

우리는 더 놀려주고 싶은 것을 꾸욱 참으며 예비신랑의 예비신부 자랑을 들어주었다. 신랑은 종마처럼 튼튼해 보였고, 행복을 품은 얼굴은 환희로 빛나고 있었다. 어떤 불행도 그의 빛나는 얼굴에 지레 겁을 먹고 물러날 것 같았다. 단지 그의 두 앞니 사이가 벌어진 것이 눈에 거슬려서, 주례자가 될 분이, 너 장가가기 전에 이빨 사이나 막으라고, 잇새가 벌어지면 복이 달아난다고, 고리타분한 충고를 해주었었다.

그런데, 가다니…… 예쁜 신부를 남겨두고 혼자만 가버리다니……. 검은 머리가 파뿌리가 될 때까지 해로하지는 못할망정 작은 아파트에서 알콩달콩 살아보지도 못하고 가다니…….

마지막의 죽음은 더 슬프다. 이브 바텐더의 젊은 아들이 주인공이다. 이브는 일 년에 딱 이틀만 문을 닫는다. 봄에 한 번 가을에 한 번, 바텐더가 해병대동우회모임에 가는 날이다. 바텐더의 아들은 현역 해군으로 사망했다. 사인(死因)은 아직 모른다. 내게 의문의 죽음을 전해준 바텐더의 후배에 의하면 군에서 일어난 사고라 사인을 함구할 수밖에 없다고 전한다.

달포 전이던가 골프라운드를 마치고 집 앞 주차장에 차를 대놓고 바람을 쐬는 기분으로 이브에 갔었다. 출입문 손잡이에 사흘 전의 신문부터 끼워져 있었다. 문을 열지 않은 지가 벌써 사흘째라는 표시이다. 예감이 불길했다. 문을 닫은 까닭이 호사(好事)라면 문짝에 메모라도 한 장 붙어 있을 것이다. 나는 바텐더의 후배가 경영하는 '구디'로 갔다. 구디의 사장이자 이브 바텐더의 후배가 선배 아들의 사망 소식을 전했다. 그리고 아직껏 이브는 전화를 받지 않는다. 아무도 없다는 신호이다.

자식이 죽은 부모에게 해줄 위로의 말은 더욱 없다. 배우자가 죽으면 머리가 아프고 자식이 죽으면 가슴이 아프다고 한다. 배우자가 죽었을 때는 화장실에 가서 웃느니, 떳장이 빨리 마르라고 부채질을 한다느니, 하는 우스갯소리들이 있지만 자식의 죽음을 두고는 어떤 식으로든 희화(戱畵)화 하지 않는다.

언젠가 소설가 이윤기 선생님의 글을 읽은 적이 있다. 그분이 자라던 시골에서는 말림갓의 나무를 베기 전에 나무의 영(靈)에게, "나무님, 나무님, 도끼 들어갑니다요. 도끼 들어갑니다요."하면서 미리 알려주었다 한다. 요즘이야 세월이 좋아 강력 모터가 돌아가는 전기톱을 쓰지만 예전에는 대장간에서 날을 벼린 도끼밖에 더 있었겠는가. 대장장이는 도끼를 만들면서 양쪽 날에 각기 다른 홈을 파는데 한쪽 날은 신에게 바치는 술(神酒)을 뜻하는 세 줄, 다른 한쪽 날엔 지수화풍(地水火風)을 뜻하는 네 줄의 홈을 팠다. 집을 짓거나 다리를 놓거나 시집가는 딸의 장롱을 만들려고 나무를 베는 사람은, 이런 홈이 파진 도끼를 벨 나무에 기대놓고 "지금부터 베겠습니다, 고맙습니다."하고 제사를 지낸 뒤에 경건한 마음으로 나무를 베었다 한다.

나무가 도끼에 찍힐 운명임을 나무꾼이 나무에게 일러주듯, 나에게 닥칠 재앙에 대해서도, 질긴 악연의 업(業)에 대해서도 누군가 경종을 울려준다면…….

어차피, 삶이란 시행착오의 연속이다. 반성에 반성을 거듭하며 살아간다. 삶에 여벌이 있다면, 아니 모든 기회가 두 번씩만 찾아온다면 처음의 시행착오를 거울삼아 두 번째는 멋지게 꾸릴 수 있다. 그러나 인생이란 한 번이다. 절대로 다시 오지 않는다. 그러기에 값지고 소중하다. 한 치라도 소홀할 수 없다.

한 치도 소홀하면 안 되는 인생에서 사랑은 어떤 역할을 맡고 있는가. 노아는 어떤 존재로 작용하고 있는가.

어느 소설에는 사랑이 벼락처럼 찾아온다고 쓰여 있다. 번개 맞은 듯, 눈에서 불꽃이 튀며 순식간에 온 세상이 어두워지고 모든 사물이 시야에서 사라지며 상대방만이 홀로그램처럼 떠오른다고 묘사했다. 국경과 나이와 인생관과 가치관마저 무너진 백치 같은 사랑이 문고리를 풀고 문을 열고 담을 넘고 벽을 관통하여 운명이라는 이름으로 진군한다고 했다.

새벽녘 자작나무 숲의 안개를 걸어 가는 햇살처럼, 노을처럼, 태풍처럼, 아니 모차르트의 교향곡처럼 찾아온다고 묘사하는 시인도 있다. 살랑대는 나뭇잎을 보고 바람이 지나갔음을 느끼듯이 사랑도 다녀간 연후에나 자국이 남는다고 슬프게 기술하기도 한다.

노아는 '교통사고처럼'이라고 했고, 수가 '는개처럼'이라고 했듯이 이 세상에 가지각색의 사랑이 존재하듯 사랑이 찾아오는 형태도 다양하다.

사랑에는 헤아릴 수 없을 만큼의 형태가 있다. 무엄하게도 며칠밖에 지속되지 않는 변덕이나 낭만적인 공상도, 한 번 씹고 버리는 껌 같은 미각의 취향도 함부로 사랑이라 칭한다. 사랑은 하나뿐이지만 사랑의 사본은 갖가지이다.

참사랑이란 유령 같다. 아무짝에도 써먹지 못하는 것이 참사랑이다. 모두가 참사랑에 대해 침을 튀기며 열변을 토하지만 사랑의 실체를 본 사람은 없다. 우리의 눈이 보고, 머리가 인지하기 전에 마음은 다 산화한 후이니까. 아니 부패한 다음이니까. 그러나 참사랑 자체로는 아무짝에도 쓸모가 없지만 참사랑의 존재만으로도 삶은 위안을 얻는다.

내가 갈구했던 사랑은 지독히 통속적인 삼류소설 속의 사랑, 요즘 젊은 애들이 칭하는 '닭살 돋는' 촌스러운 사랑이었나 보다. 어쩌면 나는 한없이 유치한 연애를 꿈꾸어 왔는지도 모른다. 본능이 시키는 대로 육신을 정직하게 던져 삶의 한가운데를 관통하는 연애, 그것이 사랑이라 믿었다.

나는 무지했기에 용감하게 덤볐다. 누군가 높은 벼랑에서 투신하는 것보다 사랑에 빠지는 것이 더 위험하다고 했는데도, 나는 깊이 힘껏 투신했다. 나는 노아가 떠난 지금에야 발등을 찍으며 후회한다. 인간을, 남자를 다루는데 서툴렀기에 용맹했을 것이다. 촌스러움과 서투름은 얼마나 아귀가 잘 맞는 낱말인가. 노아는 그런 촌스러움에 질렸을 것이다.

나는 노아가 내 앞에 나타난 이후로 조잡한 연시를 썼고, 트롯의 유행가를 들었다. 옛 유행가의 가사들이 내 마음을 대변해 주고 있는 듯해서 감동을 받았고, 따라 불렀다. 나는 홀로 강에 나가 앉아, 이내가 내리고 강 건너 아파트촌의 창문들이 황금빛 노을을 반사할 때까지 노아를 생각하며 회억에 잠겼고, 수술대 위의 무영등보다 더 밝은 네온사인이 환락을 유혹하는 밤거리를 노아를 찾아 헤매었다. 그를 향한 그리움으로 이브의 문을 밀었다. 나의 통속성, 유치함, 촌스러움에 질려 노아가 떠났다면 나로서는 그를 잡을 능력이 없다. 나는 노아를 포기해야만 한다.

 나에게도 버릇이 생겼다. 인터넷에 접속하면 맨 먼저 메일을 점검하고 게시판의 소식들을 읽고 문학관에 들어가서 연재소설을 읽는다. 동호회의 게시판이나 대화방도 기웃거린다. 볼만한 연극이나 영화를 찾아 이 구석 저 구석을 쑤시고 다닌다. 인터넷의 항해는 흥미롭고 재미가 있다. 면식은 없지만 대화방에서 사귄 친구도 있다. 그들은 컴퓨터나 인터넷 쪽에 밝아서 내게 유익한 정보를 제공해 준다.

 컴퓨터와 친해지는 동안 나는 네 번이나 컴퓨터의 하드가 다운되어 제법 많은 분량의 원고를 잃었다. 그런 하소연을 들은 내 인터넷 안의 친구가 데이터를 보관해 준다는 사이트를 알려줬다.

 접속을 끊기 전에 마지막으로 노아를 찾아본다.

 노아는 여의도번개 이후 자취를 감추었다. 그는 자주 접속하는 편은 아니었지만 이토록 오랫동안 죽은 듯이 꼼짝도 안한 적은 없었다. 아마 그는 다른 아이디를 사용하고 있는 것 같다. 내게 메일을 보내거나 말을 걸어올 때 사용하던 아이디는 NOAH였다. 마지막 접속시각은 두 달 전이다.

내가 응답하는 목소리만 확인하고 바로 끊던, 아니면 침묵만을 보내주던 발신인을 감춘 전화가 몇 번 있었지만 발신인이 노아였다고 생각하고 싶지는 않다. 내가 침묵하듯이, 그도 침묵하고 있다. 아니, 노아는 나에게서 달아나기 위해, 영원히 나를 끊어내기 위해 증발했다.

-근래의 꿈이 좋지 않아요. 그대가 있는 쪽에서 불길한 기운이 뻗쳐 와요. 우려겠죠. 무소식이 희소식이니 잘 지내리라 믿어요. 오랜 유보가 나 때문인가요? 필사적인 도망만이 최선책이던가요? 아직 우리가 서로에게 자유롭지 못한가요?-

내 인내는 바닥을 드러내는가. 나는 자포자기의 심정으로 노아에게 문자메시지를 띄운다. 아아, 나는 감정의 마취 상태에 있다. 가장 변화무쌍하면서 철옹성처럼 파괴할 수 없는 불가사의한 감정의 소용돌이에 휘말려 있다.

레테의 강

 밤마다 악몽에 시달린다. 노아는 악몽의 미궁을 헤집고 출현한다. 빗장을 질렀음에도 끈질기게 헤치고 들어와 밤새 나를 시달리게 한다.
 꿈속의 배경은 포항의 북부해수욕장 모래밭이다.
 "쏴 보세요."
 노아가 건네주는 것은 폭죽이 아니라 권총이다. 묵직한 쇳덩이는 노아의 체온으로 따뜻하다. 나는 바다에 떠있는 섬을 겨눈다. 어둠에 먹힌 섬은 죽은 짐승처럼 쓰러져있다.
 "나를 쏴요."
 노아가 앞가슴을 풀어헤친다. 나는 어안이 벙벙해져서 갑자기 표변한 노아의 얼굴과 권총을 번갈아 바라본다. 파도가 점점 높아지고 있다. 바다는 허연 이빨을 제멋대로 드러내며 뒤채고 있다.
 "제 심장을 쏘라구요."
 그의 억양에는 장난기가 묻어 있다. 아니 장난이 아닌지도 모르겠다. 나는 총구를 돌려 노아의 심장에 조준한다. 항복의 흰 깃발처럼 노아는 두 손을 머리 위로 들어 흔든다. 나는 안전장치를 풀고 방아쇠에 손가락을 건다. 고압의 전율이 핏줄을 타고 흐른다. 노아가 뒤로 물러난다. 나는 노아의 심장에 탄환처럼 박히고 싶다. 맥동하는 심장에 박혀 선혈을 마시고 싶다. 바다 쪽에서 산더미 같은 파도가 몰려오고 있다. 노아는 한 발짝 한 발짝 뒤로 물러난다.

"위험해."

나의 외침은 목구멍에 잠겨서 밖으로 나오지 못한다. 노아는 평화롭게 웃고 있다. 내게 잘 있으라는 듯이 손을 흔든다. 순간, 뒷걸음치는 노아를 파도가 덮친다. 파도는 눈 깜짝할 찰나에 노아를 한입에 먹어 치운다.

나는 귀신에 홀린 듯 넋을 놓고 바다가 노아를 삼키는 광경을 바라본다. 한참 후에야 노아가 홀연히 사라져 버렸음을 깨닫는다. 노아를 찾아 바다로 뛰어든다. 그러나 손발을 묶어놓은 듯 헤엄을 칠 수가 없다. 손가락 하나 움직여지지 않는다. 비명도 질러지지 않는다. 가물가물 의식이 꺼져간다.

저절로 상감(相感)해서 꿈에 나타나는 노아를 막을 길이 없다. 그에게 꿈의 자물통의 열쇠를 쥐어주는 바보는 두뇌가 아니라 심장이다. 명징한 이성이 아니라 판도라의 상자에 최후까지 남은 희망이다.

심한 가위눌림에 잠에서 깨어난다. 머리맡의 시계를 본다. 날이 샐 시각이다. 검고 푸르스름한 새벽이다. 창문이 덜컹거린다. 태풍의 망토자락이 창문을 거칠게 두드리고 있다. 나는 가수(假睡)의 침침한 눈을 들어 방안을 둘러본다. 갓밝이의 박명 속에서 시선은 허공을 헤맨다. 소금알갱이가 끼인 듯 따갑고 서걱거리는 눈을 비비고 어둠의 뒤편에 숨어있을 노아를 뚫어져라 응시한다. 이윽고 방모서리마다 무리지어 웅크리고 있던 어둠이 밀려드는 새벽빛에 자리를 양보하고 물러간다. 노아의 환영도 미명과 함께 사라진다. 얼마나 시간이 흘렀을까. 어스름이 천천히 걷히면서 방안의 집기들이 뿌옇게 생명으로 살아난다. 갑자기 간이 배인 물방울이 볼을 타고 흘러내린다. 망막에 남아 있던 잔영이 살아난다. 아니 꿈속에서 내가 노아를 향해 외쳤던, 그러나 목이 잠겨 성대가 울리지 않았던 그 한 마디가 비수처럼 날을 벼린다. 죽일 거야. 나는 노아의 환영을 향해 총구를 겨누고 방아쇠를 당긴다.

사람을 죽여본 적이 있던가. 아니 자살을 시도했던 적은.

살인이건 자살이건 사람을 죽인다는 것도 마음먹기에 따라서는 별것이 아니다. 레테의 강이 있다. 현실의 강이 아니라 신화 속의 강이다. 이 강을 건너면 과거의 기억이 지워지는 강이다. 기쁘고 슬프고 외롭고 행복하고 불행하고 억울하고 참담했던 인간만사를 깡그리 씻어버리는 강이다. 레테의 강, 망각의 강은 결국 죽음을 의미한다. 과거의 기쁨은 현재의 슬픔에 깊이를 더하므로, 기쁨도 고뇌도 다 부질없는 짓이라면, 설령 망각이 삶 속의 죽음이며 생명의 배덕(背德)일지라도, 나는 레테의 강을 건너리라. 내 기억 속에서 노아를 도려내리라. 기억 속에서의 제거가 바로 살인이다. 살인이든 망각이든, 머리가 수긍한 행위를 가슴이 수용하려면 인내로 담금질해야한다. 세월의 풍화작용을 빌어야 한다. 눈빛과 목소리와 미소와 숨결과 체온과 몸짓을 기억의 영역에서 퇴출시키려면 혹독한 극기의 훈련이 필요하다.

노아는 나를 사랑한다. 내가 보고 싶어서 꿈에까지 쫓아온다. 내 눅눅한 기억의 창고에서 사지육신이 찢기고도 검푸르게 살아서 나를 찾는다. 나는 노아가 나를 향한 염원으로 내 꿈에 나타난다고 스스로 최면을 건다. 나는 행복하게 최면에 빠진다.

포옹보다는 키스가 키스보다는 섹스가 사랑의 묘약일까. 사랑이 육체에 있다는, 손이나 젖가슴이나 혀나 성기를 거쳐야만 사랑이 이루어진다는, 허무맹랑한 속설이 있다. 사랑한다면 목소리라도 듣고 싶을 것이고, 얼굴도 보고 싶을 것이고 안고 싶을 것이고 키스하고 싶을 것이며 섹스하고 싶을 것이다. 당연한 현상이고 이치라 하더라도, 일견 그럴듯해 보이지만 근거도 없는 이 논리가 따지고 보면 얼마나 오류이고 허구인가.

섹스는 사랑을 확인하고 증명하는 도구이고 방법이다. 섹스는 사랑의 묘약도 사랑의 마술봉도 아니다. 육체는 정신을 담고 있는 그릇이다. 영혼이 떠난 풍선 같은 껍데기와 아무리 진하고 열정적인 섹스를 나누어봤자 사랑의 진실은 확인이 안 된다. 상대를 기만할 뿐이다. 기만당하는 상대의 비참함을 짐작이나 할런지. 사랑받지 못하는 육체는 더 이상 도구도 아니다. 기분에 따라, 날씨에 따라, 혹은 장소에 따라 바꿔 입는 의상이거나 액세서리이다.

노아는 내게 사랑받는 여자의 역을 맡겼었다. 나는 노아의 장난감으로서 사랑받는 역을 무조건 받아들였지만, 그 역이 언제까지 유지되는가는 순전히 노아에게 달렸었다. 노아는 장난감과 상의하지 않고 그 역을 빼앗았다. 유효기간이 지난 식품을 망설임 없이 쓰레기통에 버리듯이 나를 방기해 버렸다.

폐기물은 양은냄비처럼 쉽게 달구어졌다가 쉽게 식어버리는 사용자의 변덕을 원망하기 전에, 자신이 왜 무용지물이 되었는지를 먼저 각성하고 반성해야 한다. 폐기물에게 무슨 권리가 있고 발언권이 있겠는가. 있다면 의무와 책임이 있다. 운명이 있다.

나는 노아와 섹스를 한 후 노아의 사랑을 믿었다. 그가 애초에 나의 신체가 아닌 인격이나 인품에 대해서 매료되었듯이 정신을 담고 있는 육체도 사랑한다고 믿었다. 그러나 노아에게 나는 완상용 화초이거나 애완용 동물과 다를 바가 없었다. 화초에 물을 주는 것도 주인의 기분에 따라서였고, 동물의 털을 깎거나 염색을 하는 것도 주인의 임의였다. 노아에게 내 몸은 사랑의 도구가 아니었다. 취하거나 버리거나 교환할 수도 있는 장난감이었다. 자라면 잘라버릴 수 있는 손발톱이었다. 착각하고 있었던 나는 무지에 대한 값을 뼈아프게 치르는 중이다.

악연은 또 온다

 은행에 갔다가 옥을 만났다. 그녀의 얼굴을 본지가 반년은 넘었나보다. 옥은 나와 한 동네에 산다. 고향이 같고 가깝게 산다는 이유로 골프라운드도 함께하면서 친하게 어울렸었다. 그러던 중에 그녀의 시어른들과 친정 어른들이 교대로 병원에 입원했다. 그녀가 병구완하느라고 전화 통화도 힘들게 되면서 시나브로 멀어졌다. 슈퍼마켓에서도 부딪치고 은행에서도 만나지고 길거리에서도 조우하지만, 안부 인사만으로 서로의 갈 길로 나뉘고는 했다.
 "너, 나하고 얘기 좀 할래?"
 그녀가 반가운 웃음으로 내 손을 잡았다. 딱히 볼일이 남아있지도 않은 터라 그녀와 길 건너편의 카페로 들어갔다.
 "오늘, 니 얼굴을 보니까…… 내가 꼭 해줘야 할 말이 있어서……."
 의자에 앉기도 전에 그녀가 서둘러 말했다. 옥은 말수가 적고 특히 자신의 신상에 관한 정보는 흘리지 않는 편이다. 내 깜냥이 짚어본 바로는, 내가 그녀와 제법 친한 편인데, 나는 옥에 대해서 아는 바가 별로 없다. 고향친구들도 그녀와 내가 짬짬이 교류를 한다고 여기는지 그녀의 근황이나 바뀐 전화번호를 내게 물어오고는 했었다. 그녀가 재산상의 큰 손실을 입었으며, 그로 인해 남편과 이혼을 하고 혼자서 살고 있다는 소식도 나는 다른 통로로 들었다. 그녀는 내게 어떤 까닭으로 재산을 날렸는지 남편과 왜 이혼을 했는지 설명이 없었다. 내가, 너 몹시 안 좋은 소문이 있던데, 하고 운을 떼면, 그녀는 동문서답만 했다. 그녀의 남편과의 문제도 마찬가지였다. 법정에서 이혼하고 서류정리까지 끝났다고 친구들의 입방아질은 무성한데 본인은 아닌 척하고 있었다. 자신을 감추거나 거짓말만 하는 친구와는 멀어진다. 친구란 마음을 연만큼 가까워지지 않던가.

"무슨 말?"

호기심이 발동했다. 그녀가 우연히 만나게 된 나를 붙든 적은 한 번도 없었다. 무슨 깜짝 놀랄 소식을 전할 것인가.

"좋은 일이라…… 적어도 내 영(靈)으로는 좋은 일이라……."

숨을 고르고 물을 한 모금 마신 다음에야 그녀는 말문을 열었다. 영이라니, 궁금증이 일었다.

"한잔 할래? 술 시킬까?"

그녀가 빙긋 웃었다. 좋다는 뜻인지 싫다는 뜻인지 감이 안 잡혔다. 옛날에 그녀와 둘이서도 반주를 곁들인 식사를 곧잘 했었기에 나는 지나가는 종업원을 불러 맥주 두 병을 시켰다.

"지난번에 너 봤을 때…… 불길한 연(緣)이 칙칙하게 니 뒤를 따라다녔어. 지금은 희미해졌어. 아직 고비는 남아 있지만……."

술이 탁자에 놓이고, 종업원이 물러가고, 맥주로 갈증을 씻어낸 뒤 그녀는 낮은 음으로 조용히 입을 열었다.

"너는 무슨 무당 같은 얘기를 하니? 불길한 연이라니……."

말도 안 되는 수작을 한다는 식으로 그녀에게 면박을 주었다.

"무당? 그래, 나 말야, 무속인이니 무당이니 하는…… 만신이 되었지."

내가 그녀를 모욕했나 보다. 그래서 빈정거림으로 대응하는 것인가.

"실없기는…… 장난하지 말고……."

정식으로 사과를 해야 하나 말아야 하나 주춤거리는 사이 그녀의 얼굴색이 변한다. 핏기가 없는 피부에 퍼런빛이 어린다.

"나, 진짜 무당이 되었어. 신의 제자가 되었지. 신내림굿을 받았어. 내림굿 시작하고 한 시간도 안 되어서 신이 강림했고, 공수가 되더라고. 공수는 신의 뜻이 만신의 입을 빌어서 나오는 것이야. 내림굿 중에 솟을굿이 작두를 타는 것인데, 내 몸에 실린 신의 영력(靈力)을 믿게 되니까 아무 두려움 없이 작두 위로 뛰어오를 수 있었어. 작두 위에 올라선 다음에는 내가 신의 제자임을 깨달았어.

명을 받았으니 당연히 신당도 차렸어."

알아듣지 못할 낱말들이 뛰어다닌다.

"어디에? 아파트에? 신당을 어떻게 차려?"

"그래 아파트에…… 명도(明圖), 명다리(命巾) 모시고 촛불 켜고 향 피우고…… 꼭 한번 들러."

"도대체 무슨……."

나는 아직 영문을 모르겠다. 명도는 무엇이고 명다리는 뭐람.

"나 처녀 적에도 우리 엄마가 신누름 굿을 세 번이나 했어. 무당 되지 말라고…… 근데…… 결국 운명을 거역 못한 거야. 무당 안 되려고 교회도 열심히 다녔어. 신을 거부하고 교회에 가게되어서 더 큰 벌을 내리신거야. 신이 처음엔 재산을 빼앗아 갔지. 너도 들어서 알지? 나 크게 손재수 난거? 그 다음에 넘어져서 꼬리뼈 다쳤잖아. 세상에, 꼬리뼈 조금 금갔다고 병원에 삼 년이나 입원했었잖아. 전문의가 그러는데 금간 꼬리뼈가 삼 년이 넘도록 안 붙는 예는 없었대. 그게 신병(神病)이었지. 재산 없어지고 건강 잃으니까 남편이 밖으로 돌더라고. 내 남편, 정말 이해 못할 짓만 하고 다녔어."

"옴마야, 묘한 일이다. 나는 니 눈을 볼 때마다 신기(神氣)가 있다고는 느꼈지만, 그런 눈 가진 사람이라고 다 무당 되지는 않잖아."

그녀는 무당처럼 횟가루같이 허연 분을 두껍게 바르고 눈 가장자리를 강조한 화장을 했었다. 누구에게라도 친근하고 얌전한 인상을 주는 화장은 아니었다. 평범한 사람의 눈은 눈동자와 흰자위가 반반의 비율이라면 그녀는 흰자위가 7할을 차지한다. 안광도 달랐다. 달빛처럼 흘렀다. 늘 묘한 기운을 풍기고 다녔다.

"내가 겪은 일들을 다 설명은 못하지. 내가 니들한테 내가 사기당한 얘기랑 남편의 이상한 행동을 얘기했을 때도 무언가는 숨기고 있다고 했잖아. 내가 이 세계에 들어서지 않으려고 피하니까, 상식으로는 도저히 납득 안 되는 환란이 거듭 닥친 거야. 벌을 받은 거지."

옥은 물을 한 모금 마시고 계속한다.

"니가 예(藝)를 하니까……. 소설을 쓰니까……. 예술하는 사람들은 조금씩이라도 신기(神氣)가 있거든. 그래서 너한테 내가 이런 말을 하는 거야. 나처럼 신기가 온몸에 다 차면 무당이 되지. 무당도 종교적 사제야. 내림굿을 종교용어로는 입무제(入巫祭)라고 해. 외형적 골격은 격식을 갖춘 의례와 상징적인 절차지만, 내면적으로는 새로운 운명을 받아들이는 무당이 자기의 사명을 다할 것임을 서약하고 맹세하는 자기갱신의 의식이야. 사명이라기보다도 스스로 깨닫는 자기인식이지. 그런 깨달음이 와. 위대한 자연의 신들을 모시는 만신으로서, 내 삶에는 희망이 없어도 신이 가르쳐주는 바에 따라 불행한 인간을 도와야 하고, 살아 있는 사람은 물론이고 불쌍하게 죽은 사람들의 영혼이나 귀신에게까지도 삶과 죽음의 질서를 가르쳐주고 위로해 주어야 한다는 거. 내가 신의 밥을 먹는 무업에 종사할 운명이었나 봐. 이제 운명에 겸허하고 충실하게 순응하니까 몸도 마음도 건강해졌어. 아픈 데도 없고."

"애, 누구나 살다보면 별의별 희한한 사건들을 만나겠지만, 친구에게 신이 내리다니…… 나는 어리둥절해."

나는 그녀를 빤히 들여다본다. 어디가 달라졌는지 세세하게 훑어본다. 옥은 그냥 웃기만 한다.

"그럼, 점도 치니?"

"점도 치고 굿도 하지. 재수 굿도 하고, 치성을 드려야해. 아침에 늦잠만 자려 해도 귓가에서 방울소리가 얼마나 요란한지 게으름을 못 부려. 신당에 들어가서 정좌를 하고 앉아야만 방울소리가 잦아져. 그리고 신 내린 거 사람들한테 숨겨도 혼이 나지."

정말 놀랍다. 친구가 무당이 되다니…… 신문에 날 일 아닌가. 나는 잡지나 텔레비전에서 본 소위 무속인이라는 무당들을 상상한다.

"니 운명은 니가 몰랐어?"

"계시가 자꾸 왔지만 내가 줄기차게 거역을 해온 거지. 그래서 그 고통을 다 당했어. 여기서 더 거역하면 지금 당한 고통보다 더한 고통을 주신대."

그녀가 풀어내는 회포를 들으면서, 나도 이상한 세계로 빨려 들어간다. 거울 안의 세계로 들어와서 거울 밖의 사물을 바라보는 것 같다. 몸이 두둥실 풍선처럼 떠오르며 땅을 굽어보는 것 같다.

기묘한 기분을 떨치려고 화장실에 가서 마렵지도 않은 소변을 보고 손을 씻고 온다. 불길한 인연이라면…… 성냥을 그은 듯이 노아의 환영이 피어올라 뒷덜미를 콱 움켜쥔다. 나는 마른침을 삼킨다.

"그렇다면 내 얘기 들어봐. 내가 세미나에 가서 역학공부를 하신 분을 만났는데 그분이 나한테 남자가 생겨서 가정이 깨진다고 했어. 근데 볼에 있는 점을 뽑으면 그 악운을 피해 가지는 못해도 약화시키기는 한다고……."

"맞아. 점 뽑았구나. 그래서 니 얼굴이 달라진 건가. 역술은 책에 적힌 대로 사주를 푸는 것이야. 나는 역술은 전혀 몰라. 나는 그냥 영의 힘이야. 신의 뜻이 내 몸을 통해 전달되는 것이야. 지난번에 너 봤을 때는 악연이 따라다녔다니까."

 나는 손바닥에 땀이 난다. 옥은 점점 침착해지고 있다.

"너도 알다시피, 난 대학에서 이학(理學)을 전공했고, 종교도 있어. 냉담하고 있지만 그래도 배내신앙이야. 신은 하느님 한 분임을 믿고, 과학적으로 규명이 안 되는 현상은 믿지 않아. 사주팔자를 역학으로 풀거나 잡신을 불러 점괘를 뽑는 무속신앙은 인정을 안 해. 점을 뽑은 까닭은 역학으로 푼 사주를 믿어서가 아니야. 내 친구들맨 날 날더러 지저분한 점도 뽑고, 피부마사지도 받아서 기미도 없애라고 성화를 대고는 했지. 허지만 얼굴에 점 있다고 불편할 것도 없었고 뽑을 계기도 생기지 않아서 그냥저냥 지냈어. 그런데 난데없이 사주를 풀고, 관상을 보고, 좋지 않은 괘가 나오니까, 무시해버리기는 찜찜했어. 사주풀이가 기폭제 역할을 한 거야. 가정이 깨진다는 악담을 안 들었더라면 아마 안 뽑았을 것이야. 그러면 지금 평온하게 지낼지 가정이 깨졌을지…… 그건 모르지.

"아무도 너에게 믿으라고 강요하지는 않았어. 알려주었을 따름이지. 나도 너에게 믿으라고 안 해. 나는 단지 영매(靈媒)야. 신의 말을 전하는."

"옳게 봤어. 정이 들어가는 남자가 있었어. 근데 내가 점을 뽑은 후에 그 까닭을 알려줬더니, 연락을 끊어버렸어. 아마도 떠나간 것 같아. 돌아오겠니? 아니…… 그 애로 인해 부부간에 난리는 안 치르겠니?"

"남자 이름을 대봐."

"성은 장…… 이름은 노아…… 나보다 일곱 살 어리고…… 생년월일은 몰라."

옥은 손가락으로 탁자를 톡톡 두드리며 생각에 잠긴다.

"니가 그 사람에 대해 아는 것이 너무 없구만…… 좀 이상한 사람이다. 선(善)하기는 한데…… 부부의 연이 닿은 여자도 없고…… 자식도 없네…… 너하고는 오래갈 인연이 아니야."

"가톨릭 사제가 되려고 했는데 맏아들이라 대를 이으라는 부모님 강압에 결혼했다고 들었어. 입양한 아이를 기르고 있다고도 했고, 분위기로 봐서 부인도 있고 친자식도 있는 것 같았는데."

"그 사람하고 오래가길 바라니? 아냐, 너한테는 새로운 인연이 온다."

"얘, 지겨워. 난, 새로운 인연…… 정말, 필요 없어. 편하게 살고 싶어."

"니가 짊어져야 할, 풀어야 할…… 업(業)이야."

이제 그만 너를……

그래, 생살을 갈랐으니 그만한 아픔인들 없겠느냐.
죽음을 당하는 자, 죽음을 당할 이유가 있을 것이다.
버림을 받는 자, 버림을 받을 이유가 있을 것이다.

바람은 너의 더운 숨결을 몰고 와
푸른 가시 꼿꼿한 그리움만 키웠다.
온몸을 친친 감던 심산 칡넝쿨 사랑

수없는 날들이 꽃바람에 나부끼고 달력의 숫자를 지웠다.
나는 목청을 틔워 너를 부른다.
우리의 모래성 같은 약속을 위해 건배하자.

가로등불 아래에서
막 비워진 술잔의 밑바닥에서
너는 홀로그램처럼 불쑥 떠올랐다가
거울 뒤편의 허상처럼 꺼져버렸다.

연애라는 전쟁에서는
더 많이 사랑하는 자가
더 깊이 상처받고 패배한다.

모르핀처럼 스미는 고독,
썩어 문드러지는 회한과
지옥 같은 절망

채찍은 냉혹할수록 생을 단련시키나니,
이승의 모진 세월을 견디려고
대장간의 쇠처럼 나를 담금질한다.

나는 담배꽁초를 끄듯,
삼 년쯤 보관한 영수증을 쓰레기통에 버리듯
집착의 옷을 벗을 것이다.

이제 그만,
너를…….

잃어버린 낙원

 신호등이 푸른색으로 바뀐다. 가속기에 발을 얹는데 구두 뒤축에 걸리는 물건이 있다. 나는 앉은 채로 손을 휘저어 손가락에 걸리는 물건을 꺼낸다. 휴대전화를 장식하는 줄이다. 줄에는 작은 주사위들이 끼워져 있다. 주사위마다 영어의 알파벳이 음각으로 새겨져 있다. N,O,A,H,……. 나는 글자들을 맞추어 읽는다. 언젠가 노아가 내게 준 자신의 휴대전화 줄이다. 왜 이 물건이 내 차 안에 떨어져 있는 지, 노아가 내 곁을 떠난 후에 몇 번이나 세차를 했는데도 발견되지 않다가 왜 이제야 나타나는지도 모르겠다.
 노아가 떠나간 후로 거의 소설을 쓰지 못했다. 산더미만큼 원고가 밀려있지만 차를 몰고 거리로 나왔다. 원고독촉 전화에서 잠시라도 일탈하고 싶다.
 어디로 갈까. 선배언니 집필실에 무단 침입하여 수다나 떨까. 올림픽대로를 타고 하늘과 물이 맞닿은 곳까지 달려가서 막 가을이 드리운 낙엽 지는 호숫가를 걸을까. 그냥 곧게 뻗은 길로 바다가 보이는 동쪽 끝까지 날아갈까.

아무 영화관에라도 가서 슬픈 영화를 보며 마음껏 울어버릴까. 비극을 보고 눈물을 흘리면 불안이나 긴장감이 해소되어 심신이 정화된다고 한다. 볼링을 한 게임 해볼까. 직격탄에 맞아 스트라이크로 쓰러지는 핀들을 보면 고뇌와 강박관념이 다소 해소될 수도 있다. 어떤 식으로든지 가슴을 짓누르고 있는 탁하고 무거운 내부 공기를 맑고 환한 바깥 공기로 환기시키고 나면 머리가 맑아져서 남은 원고를 써낼 수 있을 것 같다.

신호등에 빨간불이 들어온다. 끼익, 속도를 올리던 차가 옆 차선에서 급정거를 한다. 바쁜 발걸음으로 횡단보도로 뛰어내리려던 소녀가 비명을 지르며 뒤로 물러나다가 넘어진다. 소녀가 다치지 않았나 싶어 고개를 내민다. 소녀의 정강이에서 피가 흐르고 있다. 뛰어내려서 도와주어야 한다. 나는 핸드브레이크를 잡아당기고 차에서 내리려다가 뒤에서 요란하게 울리는 경적에 몸이 움츠러진다. 소녀는 절룩이면서도 횡단보도를 건너간다. 소녀는 옆 차선에 서 있는 운전자에게 적의가 가득한 시선을 쏘고 있다. 신호등이 푸르게 물들자 아무 일도 없었던 듯 자동차들은 앞을 다투어 발진한다. 소녀가 무릎에서 떨어뜨린 피는 자동차 바퀴에 금세 지워져 버린다. 소녀가 건너편 보도로 올라서는 것을 보고 나는 발바닥에 지그시 힘을 가하여 차를 출발시킨다.

풍경이 흘러간다. 풍경이 나를 어루만지며 달린다. 올림픽대로이다. 반포 부근은 어김없이 차가 막힌다. 녹슨 철골이 튀어나와 붉은 물을 흘리는 한강다리 밑에 멈추어 선다. 머리 위로 차들이 지나간다. 나는 심하게 진동하는 풍경을 두 팔로 껴안는다. 바퀴 밑에서 빈 콜라깡통이 으스러진다. 한강다리의 참혹한 그림자가 앞 차창에 드리운다. 위에서는 한강다리의 검은 그림자가 내리누르고, 밀림의 맹수 같은 자동차들이 전후좌우에서 조여 온다. 땅이 무너져 아득한 나락으로 꺼져 들어가는 느낌이다. 창문을 조금 연다. 앞에 서 있는 화물차의 배기관에서 빠져나온 매연이 훅 호흡기관으로 들어온다. 언제 출구가 열릴 런지.

어디선가 환청처럼 전화벨 소리가 들린다. 라디오의 볼륨을 줄인다. 전화벨 소리는 팽팽하게 조여진 시간을 톡톡 자르며 간헐적으로 울리고 있다.

언제나 똑같은 가락의 똑같은 크기의 기계음으로 울리는 전화벨 소리인데도 가끔은 송신자가 누구인지 짐작이 온다. 그 짐작이 적중할까 봐 감히 전화기에 손을 뻗지 못한다. 저 혼자 울던 전화가 기진한 듯 혼절한다. 적요에 갇힌 머릿속에서 온갖 상념들이 난무한다. 라디오의 볼륨을 다시 올리려는 찰나 전화기가 혼절에서 깨어난다. 호적처럼 울려대는 전화는 결코 좋은 소식을 전하지 않을 것이다. 소름이 돋으며 심장이 쿵 내려앉는다. 넋을 놓고 있던 나는 전화기를 꺼낸다.

"접니다. 노아에요."

노아의 목소리다. 노아의 목소리가 귀에 닿는 순간, 나는 너무 놀라 말문이 막힌다. 목이 멘다. 나의 신묘한 예지력에 잠시 아연해진다. 드디어 지금껏 내가 기다려왔던 시각이 도래했음을 깨닫는다. 원(願)이 강하면 이루어진다지 않던가. 그러나 소설 속의 삽화처럼 기막히게 덮치는 우연은 공포다.

"오랜만이야. 반가워."

나는 언젠가는 꼭 맞닥뜨릴 이 순간을 위해, 차분히 가라앉은 느린 알토의 음색으로 감정의 소요를 숨기고 사무적으로 전화를 받는 법을 부단히 연습했다. 연습의 결과가 나타나는지 목소리는 뉴스를 전하는 아나운서처럼 감정이 가셔 있다. 나는 전화기의 마이크 구멍을 막고서 숨을 크게 내쉬고 침을 꿀꺽 삼킨다.

노아가 출현하는 악몽에서 깨어난 오늘 아침, 나는 기필코 비보(悲報)를 접하고 말리라는 불길한 예감에 떨었다. 전화를 다 꺼버리고 묵은 빨래를 하고, 청소하고, 그래도 하루가 다 가지 않으면 수면제를 먹고 잠들어 버리리라고 작정했었다.

전화기의 전지를 제거하려는 찰나 전화벨이 울렸다. 화들짝 놀라서, 그러나 한참을 뜸 들이다가 뚜껑을 열었다.

"여보세요."

"……"

전화기는 갈대밭을 스치는 바람의 발자국 같은 소음만 옮겨주었다. 작은 헛기침소리가 들렸던가. 뚜껑을 닫았다. 다시 전화기가 아련하게 울었다.

잃어버린 낙원 · 235

"여보세요. 김미래입니다."

"……."

장난 전화일까. 난청지역에서 거는 친구의 전화일 수도 있다는 생각이 들기도 했다.

"김미래입니다. 말씀하세요."

제발, 친구의 전화이기를 바라면서 나는 한 번 더 내 이름을 강조했다. 역시 또 끊기고 말았다. 내뿜는 호흡 때문에 이동하는 공기의 흐름이 미세하게 느껴졌는데, 상대는 내 응답만 확인하고 얼음처럼 끊고 만다. 불현듯 노아일지도 모른다는 의혹 때문에 가슴 한 곁으로 서서히 물안개가 밀려왔다.

나는 영악한 계산으로 일단 안도했다. 전화의 침묵은 내 가족이나 친척의 안위와는 아무 연관이 없음을 증명했다. 내 가족이나 친척의 비보였다면 그렇게 엷은 한숨만을 들려줄 이유가 없다. 그러나 쉽게 떨쳐지지 않는 까닭 모를 불안으로 일이 손에 잡히지 않았다.

나는 지금, 아침의 전화벨과 함께 이어지던 수상쩍은 침묵의 주인을 확인했다. 흰 비둘기처럼 날아간 텔레파시가 노아의 마음을 흔들었다. 역시 내 그리움의 끝에서 노아는 아지랑이처럼 가물대고 있었다. 레테의 강에 띄워 보내겠다고 아퀴를 지을수록 노아를 향한 그리움은 살아날 기회를 엿보고 있었다.

"만날 수 있어요?"

그의 목소리엔 계절이 배어있다. 그리움은 배어있지 않

다. 그와의 마지막 만남이 언제였나를 헤아려본다. 내가 아무리 부정해도 계절은 강물처럼 도도히 흘러왔다.

"긴한 일이에요?"

나는 마음을 평정시키고, 짐짓, 긴한 일이 아니면 만날 수 없다는 듯이 한 발 물러난다.

"뵙고 말씀드리죠."

후유, 뱃고동 같은 긴 숨이 풀린다. 나는 잠깐 하늘을 우러른다. 누군가 나를 내려다보고 있는 것 같다. 노아를 만난 이후 처음으로 나는 노아와의 인연에 대해 누군가에게 감사한다. 내 혀에 얹혀 있는 나만의 언어로 인간의 인연을 관장하는 절대자에게, 노아와의 인연에 대해 고백한다. 그리고 애소한다. 이 관계를 허락해 달라고. 내게서 노아를 빼앗지 말아달라고. 아니, 절대자가 내게 원(願)을 묻는다면 노아의 이름을 말하리라고, 다짐한다.

"지금?"

"지금요…… 여의도요…… ."

지금은 좀 곤란해, 라고 단호하게 말하라고, 노련하게 한 수를 건너 내다보며 노아를 애태워 주라고, 대뇌에서는 끊임없이 명령을 내린다.

"곧 갈게."

왜 입은 뇌의 명령을 따르지 않는 것일까. 영과 육이 별개인 양 따로 노는 내가 미워서 입술을 질끈 깨물면서 후회한다.

나도 모르는 사이 한남대교의 남쪽으로 빠져나왔고 신사

동 네거리에서 운전대를 급하게 꺾어 차를 돌린다. 혼잡한 도로에서 시간을 많이 허비했나보다. 평소에는 잘 막히지 않던 여의도 윤중로도 진입이 힘들다. 앞차의 꽁무니에 겨우 따라붙자마자 황색 신호가 끊긴다.

커다란 영사막 같은 하늘이 펼쳐지며 차창의 전면으로 보름달이 떠오른다. 아, 감탄사가 절로 나오는 황홀한 광경이다. 미열처럼 몽롱한 통증이 관자놀이를 스친다.

달은 하늘이 '오'하며 둥글게 오므린 입속의 샛노란 목젖이다. 목젖을 간질이며 새 떼가 일렬로 날아간다. 새 떼는 물고기 비늘처럼 가늘게 떨다가 달 속으로 자맥질한다.

매번 혼자서 보는 아름다움을 누군가와 나누지 못해서 안타까웠는데, 오늘은 그 황홀함을 노아와 나눌 수 있을 것 같다. 감동이 교감하면 기쁨은 곱절로 불어나리라.

겨우 땅거미가 지는 시간인데도 동쪽 하늘에 떠 있는 보름달은 대지에 서늘한 기운을 뿜어낸다. 차창을 열고 손을 내밀어 달빛을 만진다. 손등을 젖빛으로 물들이며 달빛이 흘러내린다. 신호등의 불빛이 파랗게 바뀌자 앞차가 용수철처럼 튀어나간다. 나도 거대한 황금의 우물 같은 보름달 한가운데를 관통하려고 가속기를 밟는다. 그러나 보름달은 곧 뒤로 흘러가고 한국의 월가(Wall street)라고 불리는 여의도의 마천루들이 막아선다.

밤의 장막이 거리를 덮기 시작한다. 거리는 리본처럼 팔랑이고 있다. 꽃가게에서 장미꽃다발을 안은 남자가 나와 자동차의 뒷자리에 꽃다발을 내려놓고 시동을 건다. 나는 꽃다발을 받을 여자를 상상한다. 당치도 않게 노아가 내게 줄 꽃다발을 안고 있으리라는 가슴 설레는 상상도 해본다. 남자는 여자의 나이 숫자만큼 꽃송이를 묶었을까. 꽃다발을 받고 비눗방울처럼 웃는 여자의 얼굴이 차창에 어린다. 꽃다발도 여자의 웃음도 남자의 차와 함께 도망간다. 나는 남자가 차를 뺀 자리에 차를 밀어 넣는다. 차의 지붕 위로 나뭇잎 하나가 하르르 진다. 길가에 내놓은 화덕에서 고추장 양념이 타는 냄새가 풍기며 고기가 익고 있다. 매운 연기 뒤로 술잔이 돌고 있다. 아이스크림을 문 소녀들이 연기 사이로 지나간다. 파안대소를 하는 사람, 볼이 미어지게 상추로 싼 고기를 입에 우겨넣는 사람들이 화덕 주위에 앉아 있다. 나는 자동차의 열쇠를 핸드백에 넣으며 건물을 올려다본다. 시계를 본다. 약속 시각에서 반 시간이 지났다.

여의도번개에서 서로 모르는 남남처럼 헤어진 이후 사 개월 만에 만난 노아는 예전보다 한결 의젓해졌다. 중후해 보인다. 전도가 양양한 자신감이 몸에 밴 남자에게서 맡을 수 있는 냄새가 난다. 코트를 입기에는 이르다 싶은데도 의자에는 그가 벗은 코트가 놓여 있다. 경영자급의 임원은 한여름에도 긴소매 와이셔츠를 입지 않던가.

"뵙고 싶어서…… 몇 번 전화를 드렸댔어요."

노아는 천연덕스럽게, 아니 예의를 차리느라고 거짓말을 하고 있다. 입구를 바라보고 앉은 노아의 얼굴을 보는 순간 왈칵 치밀고 올라오는 억제하려해도 솟구치는 내 얼굴의 환희를 노아는 낚아챘다.

거짓말…… 얼마나 당신을 기다렸는데…… 그렇게 쏟아져 나오려는 말을 도로 목구멍으로 밀어 넣는다. 나는 손으로 가슴을 쓸어내리고, 사실과는 다른 말을 한다.

"좀 바빴어. 청탁 원고가 힘에 부치게 많아서 전화를 꺼놓을 수밖에 없었어."

노아와 헤어진 후로 한 달간은 잠시라도 전화를 꺼놓은 날이 없었다. 한 달 동안 노아는 내게 전화하지 않았다. 다음 한 달간은 음성사서함으로 바로 떨어지도록 설정을 했었다. 음성사서함에도 노아가 다녀간 흔적은 없었다. 공적인 전화는 일반전화의 연결만으로도 충분했기에, 다음 한 달간은 일시해지를 했었다. 지금 노아는 내 전화가 해지되었던 사실도 모른다. 노아도 나도 거짓말을 하고 있다. 노아가 나를 기만하듯이 나도 노아를 기만하고 있다.

그러나 나는 노아가 거짓 뒤로 숨기를 바란다. 노아의 참말에 상처받고 싶지 않다. 내 자존심을 짓밟는 말이 아닌, 입에 발린 달콤한 말만을 들려주기를 바란다.

"좋은 일이군요. 축하해요……. 제가 도움이 못되어 미안해요."

노아는 자신의 일이기라도 한 듯이 밝은 미소를 머금는다. 그의 얼굴에서 피어나는 웃음이 내게 한 가닥 광명을 던져준다. 역시 웃음의 에너지는 위력이 세다. 뻣뻣하게 굳어 있던 어깨의 근육이 조금씩 풀리기 시작한다. 그러나 긴장을 늦출 수는 없다. 지난날에도 노아는 적절한 순간을 포착해서 신비로운 암시를 던지면서 웃었었다. 언어에는 투영되지 않는 미소에 나는 감동했었고 보기 좋게 속았었다. 녹아웃이 되어 버렸다. 오늘도 또 속을 것만 같다.

노아는 목이 타는지 혀로 입술을 축인다. 그의 혀가 눈에 챈다. 노아의 혀의 감촉이 오돌오돌하게 돋아난다. 알코올로 헹군 듯한 그의 혀를 기억해 낸 나는 움찔하며 전율한다. 나는 잠시 할 말을 잊은 채로 노아를 바라본다. 꿈에도 그리던 노아가 전시회장의 조각품처럼 '손대지 마시오'라는 현판을 달고 내 앞에 앉아 있다. 손끝으로 만져 따뜻한 체온을 감지하고 싶다.

"축하할 것까지는 안 되어도…… 좋은 일이라고 봐야겠지. 작가한테 원고청탁만큼 반가운 일이 있나 머……."

나는 담담하고 의연하게 말한다. 노아로 인해 내가 얼마나 힘든 시간을 보냈는지 들키고 싶지 않다.

"잘 되어가요?"

같은 사람의 목소리라도 내 기분에 따라 전혀 딴판으로 들리는 가보다. 과거에는 물고기에게 미끼를 던지는 낚시꾼이었다면, 지금은 물 밖으로 끌어낸 고기를 주의 깊게 탐색하는 요리사의 모습이다.

환절기면 어김없이 찾아오는 감기의 징후가 느껴진다. 목이 잠긴다. 미열이 오른다. 으슬으슬 한기가 든다. 두 팔을 몸에 두르며 등받이에 길게 기댄다. 잠깐 눈을 감는다. 닫은 눈꺼풀 뒤로 꿈속의 환영이 고스란히 재생된다.

나를 쏘세요, 노아는 나를 조롱하듯 웃었다. 나는 엉겁결에 방아쇠를 당겼고, 노아는 총알을 가슴에 박고 꼬꾸라졌다. 태풍에 뿌리째 뽑히는 나무처럼 쓰러지던 그가 갑자기 내 몸 위로 추락했다. 더운 심장에서 시뻘건 피가 콸콸 솟았다. 탁자에 물잔을 내려놓는 소리에 깜짝 놀라서 눈을 뜬다.
　"엘에이(LA) 지사로 발령이 났어요."
　노아의 목소리는 조금은 조심스럽고 조금은 의기양양하다.
　"영전이지?"
　나도 노아의 영전을 기뻐해줘야 할 것 같다. 나는 얼굴의 근육을 우그러뜨려서 억지로 기쁨을 연출한다. 그가 내게 표시한 기쁨의 분량만큼이라도 돌려주려고 노력한다.
　"기뻐해 주시니…… 고맙군요."
　무슨 말인가를 더 하려다가 그는 말문을 닫는다. 본론의 문은 아직 열리지 않았다. 긴 서론은 무거운 본론을 안내하거나, 나쁜 소식의 충격을 완화시키는 완충지대 역할을 한다.
　"그래서…… 작별 인사하러 왔어?"
　문득 노아가 내게 전화한 까닭이 이것이었나 하는 불안에 휩싸인다. 어제도 우린 연락도 없이 지냈고, 그제도 만나지 않았고, 지난 몇 달도 무심히 세월을 흘려보냈는데, 새삼스럽게 작별 인사라니…… 멀리서 슬픔의 현이 파르르 떤다.
　"아뇨……."

노아는 입술만 달싹이고는 말꼬리를 사린다. 슬그머니 사라지는 말꼬리는 무엇일까. 나는 말꼬리의 형체를 복원해 본다. 안고 싶어요……. 눈자위를 맴돌던 눈물이 열기가 되어 혈관 속으로 스며든다.

떠나기 전에 마지막으로 안아보겠다는 거야? 작별의식으로? 그리고는 나 몰라라 하고 가버리겠다는 거야? 나는 소리 없이 악을 쓴다. 찻잔을 든 손이 부들부들 떨린다. 탁자 밑에서 꼬고 있었던 다리가 저절로 풀린다. 몸 전체가 축축하게 젖어온다. 그러나 나는 눈으로만 비명을 지른다. 사지는 떨려오는데 가슴에선 뜨거운 기운이 목울대를 지나 정수리까지 뻗쳐오른다.

"같이 가요."

노아가 내 가슴을 겨냥해서 권총의 방아쇠를 당기듯이 말한다. 나는 차림표에 눈길을 던지고 있다가 잠깐 망연자실해진다.

"엘에이에 같이 가요?"

믿어지지 않아서, 노아가 한 말을 똑같이 따라해 본다.

"네. 같이 가요."

나의 되물음에, 초등학교 반장 아이처럼 당당하게 짧은 토막으로 음절을 끊는다.

"혼자 가는 거야? 가족이 없었어?"

나는 노아에게 가정이 있었다고 믿었다. 아내와 자식들로 이루어진. 그래서 그가 나를 버렸다고 믿어왔다.

"아내가 암으로 투병하다가…… 이젠 혼자가 되었어요."

노아는 기어코 의미심장한 미소까지 보여준다. 그 미소는 우리의 과거를 퍼올리고 있다. 노아에게는 입양한 아이가 둘이 있다. 아내의 존재에 대해선 물은 적도 들은 적도 없다. 머릿속이 실타래처럼 엉키고 있다. 나는 손에 얼굴을 묻고 생각을 추려본다.

　앞자리의 노아가 천천히 일어나 내 옆자리로 옮겨오는 기척이 느껴진다. 손에서 얼굴을 빼낸다. 손에는 내 얼굴의 가면 같은 껍데기가 남아 있다. 노아와의 전설이 남아 있다. 그의 몸이 다가온다. 풀색의 와이셔츠와 쑥색 넥타이가 어둡게 시야를 덮는다. 삼나무 향을 첨가한 남성용 스킨로션의 냄새가 스친다. 손의 무게가 어깨에 걸린다. 더듬이처럼 뻗어온 그의 손이 귓바퀴를 애무한다. 내 귀를 만지는 그의 손길에 성욕 아닌 다른 무엇이 얹혀있음을 느낀다. 예감이 불길하다.

　"바라지 않았나요?"

　노아의 목소리가 귓전에서 공명한다. 몸으로 응답하기를 원하는 물음일 것이다. 바라다니…… 내가 이 순간 노아에게 바라는 것은 무엇일까. 그의 손과 입김이 온천처럼 끓는다.

　맨 처음에 노아를 만났을 때, 나는 그의 내부에 잠재하는 탈출의 갈망을 보았었다. 지금 나는 그의 눈을 들여다본다. 그의 눈 속에는 내가 있다. 나 역시 광기에 휘둘려 탈출의 동참 욕구에 몸부림치고 있다.

　"실낙원이라는 책을 읽으셨겠죠?"

노아가 묻는다.

『실낙원(失樂園)』은 존 밀턴이 쓴 대서사시이다. 신에게 반역하여 지옥에 떨어진 사탄이, 낙원에 사는 아담과 하와를 유혹하여 신에게 복수하려한다. 사탄은 뱀으로 변신하여 인류의 시조인 하와를 유혹하고 하와는 유혹에 져서 재화(災禍)를 부른다. 결국, 아담과 하와는 신의 섭리를 믿으며 낙원을 떠난다. 구약성서를 소재로 인간의 원죄를 주제로 하여, 아담과 하와의 타락과 낙원추방을 묘사한 이 웅대한 규모의 작품을 밀턴은 구술(口述)로써 완성하였다. 밀턴은 성서나 고전 고대 및 르네상스기의 문학을 이 작품에 수록하여 집대성했을 뿐만 아니라, 피조물에 대한 신의 사랑과 노여움, 인간의 절망과 희망, 선과 악의 극단적인 대립을 장중한 서사시적 문체와 격조 높은 비유를 의식적인 시어로 노래했다.

노아가 어떤 분위기를 창출하려고 '실낙원'을 묻고 있는지 알 것 같다.

"존 밀턴이 실명(失明)을 한 뒤로 구술로써 완성한 실낙원도 있고, 와다나베 준이치라는 일본 작가가 쓴 실낙원도 있지."

"와다나베 준이치의 실낙원요."

얼마 전에 읽었다. 출판사의 편집사원인 오십대의 구키 요이치로는 어느 날 돌연 한직(閑職)인 조사실로 발령을 받는다. 샐러리맨으로서 더 승진할 희망을 품고 있었던 구키의 마음에 무언가 변화가 생긴다. 바로 그 즈음 구키는 아름다운 삼십대 여인, 마쓰하라 린코와 우연히 알게 된다. 문화센터의 붓글씨 강사를 하고 있는 린코는 매우 정직하고 정숙한 여인이었는데 소년과 같은 열정을 가지고 구애하는 구키의 사랑을 받아들이며 서서히 변화하기 시작한다. 하지만 한편으로 그녀는 두려움에 떨며 이렇게 말한다.

"무서워⋯⋯ 내가⋯⋯ 내가 아닌 것 같아⋯⋯."

린코는 죄의식에 괴로워하지만 그것이 더욱더 그들을 쾌락에 빠뜨린다. 린코의 남편은 심부름센터에 의뢰해 린코의 불륜을 알게 되고, 린코에게 더 큰 고통을 주기 위해 이혼해 주지 않는다. 또한 증거물인 사진을 구키의 회사와 가정으로 보내 그를 궁지로 몰아넣는다. 구키의 아내는 조용히, 그러나 단호하게 이혼을 요구한다. 설 곳을 잃은 애달픈 사랑은 두 사람을 막다른 골목으로 인도하고, 마침내는 신쥬(心中)라고도 하는 일본 특유의 연예문화형태의 정사(情死)로 사랑의 막을 내린다.

"남녀 주인공이, 부디 우리 두 사람을 함께 묻어 주십시오, 라는 유서를 남기고 사랑의 절정인 순간, 청산가리를 탄 와인을 함께 나누어 마시며 생을 마감하는?"

섹스는 떳떳하지 못한 자들의 탈출수단이다. 그게 함정인 줄 알면서도 홀린 듯이 투신한다. 이대로 죽고 싶다고 외칠 만큼 강렬한 오르가슴의 기억은 그들을 파멸로 이끈다. 영원히 빠져나올 수 없는 저 아득한 함정으로, 실낙원으로 끝없이 침잠하게 한다.

그러나 한 번도 내가 두 실낙원의 주인공인 하와나 린코가 되고 싶지는 않았었다.

밀턴은 실낙원에서 강렬한 상상력을 섬세하고 정확하고 장중한 무운시(無韻詩)로 거침없이 구사해냈으며 인간 사회의 질서와 무질서의 문제, 즉 자비롭고 전지전능한 신에 의해 창조된 이 세계로 어떻게 혼돈과 죄악의 씨가 침추해 들어왔는가 하는 문제를 비판적으로 풀어나갔다. 서사시라는 일정한 형식 안에서 인간의 원죄와 구원의 가능성을 풀어나간 실낙원으로 인하여 밀턴은 셰익스피어 다음가는 대시인이라는 지위를 얻었다.

와다나베의 실낙원은 문학적인 품위를 유지하면서도 깊은 성애의 세계에 빠진 두 사람의 모습을 대담하고 적나라하게 묘사했다. 섹스의 극치를 추구한 이 작품은 종래 가치관의 전환기를 맞고 있으면서 은밀한 불안을 가진 많은 독자의 마음과 관심을 충족시켰다.

매튜 아널드는 문학 작품을 평가할 때 오류를 시정할 수 있는 하나의 교정책으로 '시금석의 적용'을 제안했다. 그는 어떤 문학 작품이 정말 탁월한 뛰어난 작품인가를 알아내기 위하여 우리의 마음 속에 항상 위대한 작품들의 표현을 간직하고 있다가 그것을 다른 작품을 시험하는 시금석으로 적용하는 것보다 더 유용한 방법이란 없다, 고 말하였다.

나는 두 작품을 내 문학의 시금석으로 삼고 싶었다.

출판하자마자 20만 부 이상이 팔린 베스트셀러의 작가

도 부럽고, 셰익스피어 다음가는 대시인이라는 지위는, 너무 높아서 감히 우러르지도 못하지만, 존경스럽다. 나는 불륜의 주인공이 아닌 불륜을 사랑으로 승화시킨 작품을 써 내는 작가이고 싶고, 인간의 원죄로 인하여 낙원상실의 비극적 삶을 사는 하와가 되고 싶은 것이 아니라, 영원의 섭리를 설파하고 인간에 대한 신의 정당성을 역설하는 작품을 쓰는 작가가 되고 싶다.

나는 작가가 아닌 비극의 주인공이 되고 싶었던 것일까.

"안고 싶어…… 한 번이라도 좋으니까 안고 싶어"

나도 모르게 몽환에 잠긴 듯 중얼거리다가 깜짝 놀란다. 이것은 실낙원에 나오는 대사이다. 의붓아버지가 돌아가시는 바람에 친정에 가 있는 린코에게 구키가 찾아온다. 안고 싶어…… 한 번이라도 좋으니까 안고 싶어, 라고 구키는 구애한다. 린코는 어머니와 남편의 눈을 피해 상복차림인 채로 호텔에서 밀회를 갖고 그 어느 때보다 격렬하게 구키의 품에 안긴다.

어깨에 둘려진 팔에 힘이 가해진다. 나는 노아가 나를 안고 싶어 한다고 믿는다.

"그래요…… 동반 자살하는…… 하지만……."

노아는 잠시의 침묵으로 분위기에 무게를 실은 다음, 탁자 위에 흰 봉투를 꺼내놓으며 끊었던 말을 잇는다.

"당신 비행기 표에요. 비자는 있댔죠?"

노아는 내게 답변을 독촉하고 있다.

"날 시험하는 거겠지. 예전처럼."

당겨진 용수철 같은 긴장이 실핏줄의 가지 끝에서 톡톡 터진다. 최대로 당겨진 용수철은 언젠가는 끊어질 것이다. 누가 승리하고 누가 항복할 것인가. 내가 늘 심리전에서 참혹한 패배를 했었다.

노아는 내 삶 속으로 쑤시고 박혀 들어와 나를 엉망진창으로 만들었다. 퇴로가 막힌 일방통행로의 골목 끝에서 노아는 내게 손짓했다. 오라고. 자기에게 달려오라고. 골목의 한가운데는 진흙탕이 있었다. 나는 수렁 같은 진흙탕에 빠졌다. 노아는 나를 구해주지 않았다. 수렁에 빠져 허우적거리는 나를 매몰차게 버리고 사라졌다.

노아가 웃는다. 비웃음의 냄새도 묻어 있다. 그 웃음은 아직 삭이지 못한 내 상처를 건드린다. 부패하고 있는 묵은 상처가 근질거린다.

내가 노아에게 받았던 만큼의 고통도 돌려주고 싶다. 고통 속에서 노아를 그리워했듯이, 나도 복수하고 싶다. 누가 사랑이란 희생과 봉사라고 했던가. 이에는 이로 눈에는 눈으로, 받은 대로 앙갚음하고 싶다. 내 상흔의 제단에 바치는 제물로서 나는 노아의 고통을 취하고 싶다.

"시험요? 아니에요. 진심이에요."

내가 아무런 망설임도 없이 행장을 꾸려 자기를 따라 나서리라고 자신하는 것일까. 어떻게 노아는 내게 그런 요구를 할 수 있을까. 그런 요구를 할 만큼 우리의 믿음이 깊지는 못했다. 노아와 나는 같이 드라이브를 하고 술을 마시고 강가에 앉아 키스하고, 밀실로 숨어 들어가 애무하고 섹스를 했다. 우리는 서로의 성감대와 간지럼을 타는 곳을 알고 있다. 그는 내 왼쪽 겨드랑이에 엄지 손톱만한 흰 반점이 있다는 것을, 나는 그의 오른쪽 허벅다리 안쪽에 팥알만 한 사마귀가 있다는 것도 알고 있다. 우리는 서로에 대해서 많은 것을 알지만 모르는 것이 더 많다. 우리는 육체에 더 익숙한 관계이다. 우리는 단 한 번도 사랑한다는 말을 교환해 본 적이 없다. 사랑하지 않았기 때문이 아니다. 순간의 진실이라 하더라도 사랑이란 낱말을 입에 올리는 순간, 우리의 도덕성에 균열이 생기고, 격한 감정만으로는 책임질 수 없는 현실이 존재함을 알기 때문이었다.

그러나 지금 묻고 싶다. 사랑하는가. 아니 사랑했던가. 당신의 진심이라는 말이 진심인가.

온몸이 올가미에 포박당하듯 경직되어온다. 나는 손바닥에 유리그릇을 들고 있는 것 같다. 손을 놓으면 땅에 떨어져 산산조각이 나는 유리그릇을 나는 미끄러운 손으로 쥐고 있다. 유리그릇은 곧 내 손에서 빠져나가리라. 천지가 진동하는 파열음을 내며 내 가슴을 갈가리 찢어놓으리라.

"우리의 관계는 서로의 가정을 유지시키는 범위 안에서 가능했던 거 아냐? 당신은 당신으로 인해 내가 가정을 파괴할까 봐서 떠났어."

우려와는 달리 목소리가 차분하게 울려 나온다. 노아의 꼭두각시가 되고 싶지 않아서 나는 전열(戰列)을 재정비한다. 정지된 화면처럼 눈싸움이 시작된다. 눈싸움이 지루해질 때까지 그의 눈동자는 움직임이 없다.

"그래서 달아난 것은 아니었어요."

손이 가늘게 떨고 있다. 나도 모르는 사이 그의 허벅지에 얹혀 있던 오른손을 나는 왼손으로 거두어들인다.

"내가 가정을 파괴할까 봐서, 그 파괴의 여진(餘震)이 자신에게 미칠까봐서 안전선 밖으로 물러났던 거잖아. 그런데 이제 와서……."

나는 중얼거린다. 이제 당신의 장난에 피를 흘리며 쓰러지고 싶지 않아. 더 이상 상처받고 싶지 않아.

"선생님이 절 한순간의 장난감, 희롱의 대상으로 여긴다고 생각했어요."

전에도 노아는 이런 식의 말로 뒤통수에 일격을 가하고는 했다. 그때는 농담이었다. 나의 반응을 보기 위해, 내가 얼마나 강하게 부정하는지를 보고 즐기며, 얼마나 자기를 사랑하는지 시험하려고 투정을 부리고는 했었다.

"그랬는데?"

사실은, 당신이 나를 데리고 놀았단 말이지…… 나를 장난감으로 대했단 말이지……. 그러나 나는 그런 말은 차마 입에 담지 못한다.

"그렇다고 하더라도 선생님에게서 제가 벗어날 수 없다는 것을 알았어요. 그동안 고민했어요. 통회의 기도를 올렸어요. 지금은 선생님을, 당신을 얻으러 왔어요."

우리는 서로의 진심을 몰랐단 말인가. 나는 누구에게 화를 내야 할지 모르겠다. 나에게인지 노아에게인지. 그는 본능의 욕구에만 솔직했지 자신의 행동에 당당하지 못했다. 나를 비난할 용기가 없어 비겁하게 도망치고, 곤혹스런 순간을 모면하려고 뻔한 거짓말을 둘러댔다. 우리는 지금 똑같이 상대가 나를 가지고 놀았다고 자학하며 적나라한 분노를 표출한다. 똑같이 자신을 괴롭히는 불쾌한 단정을 내렸고, 다시 그 단정을 몽매했던 실수로 돌리려 한다.

"고맙군…… 몸 둘 바를 모르겠군."

노아는 내 마음의 갈등을 정확하게 읽는다.

"이 순간에 당장 결정을 원하지는 않아요."

아직 노아는 내 진의를 간파하지 못한다. 아니 이미 간파했으면서 무시한다. 여태껏 노아는 모든 상황을 자신에게 유리한 쪽으로 해석하려 들었다. 분명 노아는 나를 버렸고, 그래서 나는 상처를 입고 피를 흘렸다. 치고 빠지는 방법으로 나를 유혹했다가 팽개쳤다. 그는 자신에게 한 번 빠진 여자는 영원히 자신에게서 벗어나지 못하리라고 믿는다. 자신의 요구에 무조건 순응하리라고 여긴다. 그 독선적인 감정의 역류가 얼마나 내 가슴을 난도질하고 짓이기는지 아직도 모른다. 아니 안중에도 없다. 노아는 내 상처의 깊이로 자신에 대한 사랑의 무게를 저울질한다. 그리고 확신한다. 내가 자기를 아직도 사랑하고 있다고.

"우린 기혼자끼리 만났어. 서로의 상황을 묵인한다는 조건이었고 무언의 계약이었어."

"가정을 파괴할지도 모른다는 뺨의 점을 뽑았다는 말을

제가 들었을 때, 저는 저를 거부하는 의사표시라고 생각했어요. 그러니까 계약위반을 핑계로 달아났던 쪽은 제가 아니었어요. 선생님이야말로 저를 거부했어요."

 결국 노아는 변명을 늘어놓는다. 그의 변명은 양심수의 양심선언 같다. 긴장한 탓인지 노아의 수염자국이 파랗게 도드라진다. 내 시선은 그의 턱을 타고 올라 입술을 지나 콧날을 거슬러 노아의 동공에 박힌다. 그는 피하지 않고 내 시선을 맞받고 있다.

 노아에게는 내가 이해할 수 없는 보수적이고 순수하고 도덕적인 면이 있었다. 그런 면들이 우리의 관계를 방해했다. 내가 노아의 독선을 용서할 수 있는 것도 바로 그런 순수성과 도덕성 때문이다.

 "우리는 금단의 불륜에 의기투합했어. 그래서 도덕의 빛이 스며들지 않는 응달로 숨어야 했고 음습하게 진행되어야 했었지. 이제 음지에서 나오자는 거야? 부정적인 시작에서 이젠 세간의 매스컴에나 오르내릴 파격적인 마무리를 하자는 거야? 당신의 도덕과 신앙에 용서를 빌고 인정을 받자는 거야? 세인이 이해를 해 주고 받아들여주기를 바라는 거야?"

 노아의 궤변에 말려들지 않으려고 나는 내 자신에게 궤변을 푼다.

 "그래요. 맞아요."
 "우리는 둘 다 불륜에 빠졌어도 평온한 상태에서 달콤한 금단의 열매만 취하길 바랐지. 어떤 경우라도 서로의 가

잃어버린 낙원 · 253

정이 평온하게 유지되길 바랐잖아."

"애초부터 그런 의도는 아니었어요."

"일찍이 내가 당신에게 나와 함께 어딘가로 떠나자고 했다면 당신은 내 제안을 받아들였을까? 사랑이라는 이름으로 내 가정도 포기하고 당신 가정도 포기하라고 당신에게 압력을 넣었다면 말야."

강편치를 날리듯이 나는 내친김에 퍼붓는다. 대화가 이렇게 서로를 비난하는 쪽으로 흘러갈 줄은 예상을 못했다. 노아는 당황하고 있다. 조금 전의 당당함이 수그러들고 있다. 찬찬히 내 얼굴을 훑어 내려오는 노아의 눈길을 나는 훅 불어 걷어낸다.

"시간을 달라고 했겠죠."

"아내가 죽을 때까지?"

나는 울고 싶은 심정과는 달리 노아 앞으로 턱을 내밀고 오만하게 따진다. 왼쪽 어깨에 닿아 있는 그의 손에서 축축한 땀이 느껴진다. 입 밖으로는 꺼내지 못하지만 혀 밑에서 굴리는 답은 자명할 것이다. 나는 곤혹을 감추지 못하는 노아를 바라본다. 스멀스멀 몸 속 어디에선가 헛바람 같은 웃음이 피어오른다.

"만일에 말이야…… 내가 당신을 사랑한다면…… 그래서 정말로 이 자리에서, 죽는 날까지 함께하겠다고 당신을 따라 나선다면?"

나는 노아에게 바짝 붙어 앉으며 묻는다. 사그라지던 전의에 다시 불이 붙고 있다. 머릿속에서 경고등이 돌아가며 만류하는 명령을 내리고 있지만 나는 그의 독선을 이 기회에 뭉개버리고 싶은 충동에 휘둘려 설육(舌肉)의 도끼로 내리찍는다.

잘 가. 이번에는 내가 당신을 보낼 차례야. 뒤돌아보지도 마. 절대 다시 오지 마.

언젠가 나는 '후'에게 같은 질문을 던졌었다.

"나, 다 버리고 자기 곁으로 갈까?"

나는 상큼한 웃음을 물고 '후'에게 물었었다. 그때 '후'의 대답은 간단하고 명쾌했다.

"장난치지 마."

그 후로 나는 다시 그 질문을 하지 못했다. 내가 당긴 화살이 독을 묻히고 되돌아와 내 가슴을 뚫을 것 같아서 나는 마음에 자물쇠를 채우고 감추었다. 상궁지조(傷弓之鳥)라고, 나는 같은 고통을 거듭 당하고 싶지 않았기에, 그런 기회가 닥칠 조짐이 보이면 미리 피했다. 적중하면 횡재이고 빗나가도 본전이라는 식으로 시망스런 희롱처럼 날리는 사랑의 고백은 치명타였다. 그런데 지금 나는 그토록 뼈아프게 터득한 위여누란(危如累卵)의 고백을, 재차 세 치의 혀를 놀려 노아에게 시험하고 있다.

"선생님에게 제가 속았어요."

노아는 끙끙 앓듯이 힘겹게 내뱉는다. 그런 답변이 날아올 줄을 요량은 했지만, 그 말은 역시 독화살처럼 내 가슴을 저미며 파고 든다.

노아는 '속았다'는 결정적인 대사를 하려고, 내 모가치였던 '속았다'는 대사를 내게서 강탈해 가려고 여기까지 에둘러 왔다. 그는 가해자가 평생 안고 살아야할 굴레보다는 피해자가 당하는 고통이 더 가볍다는 결론을 내렸다.

이미 시나리오는 정해져 있었다. 노아는 우리가 같이 출연하는 연극에서 내가 맡은 주연을 탈취했다. 나는 막 뒤로 사라져야한다. 내가 맡은 역할은 단 한 마디의 대사도 남아있지 않다. 스포트라이트는 내게서 비켜갔다. 이제 어두운 조명 뒤편으로 패잔병처럼 몸을 감춰야 한다.

바보같이…… 서러움이 참을 수 없는 헛구역처럼 눈자위를 맴돈다. 나는 마지막을 카운트다운 한다. 다섯, 넷, 셋, 둘, 하나…… 끈적끈적한 침묵에 스피커에서 흘러나오는 노래가 날벌레 떼처럼 엉겨 붙는다. 제목을 알 수 없는 애절한 이별노래이다.

나는 완전한 결별을 내포하는 노아의 눈을 바라보며 자리에서 일어난다. 입구에서 마지막으로, 그를 돌아본다. 그는 전화기를 귀에 대고 있다. 그의 전화가 연결되는 끝에 내가 있고 싶다.

당신을 얻으러 왔어요, 같이 가요……. 노아의 대사가 쉽없이 머릿속에서 소용돌이치고 있다. 사랑하기에 필요했던 것이 아니라, 단지 필요했기에 사랑했었을 뿐이라고, 나는 결연한 어조로 입술을 깨물면서 단언한다. 사랑이란, 아니 내가 노아에게 헌납했던 사랑이란, 성경이나 교과서에 나오는 사랑은 아니었다. 축제의 막을 내리면서 밤 하늘에 쏘아 올리는 폭죽처럼, 한순간 밝게 빛나다가

져버리는 불꽃놀이었다.

　건물 밖은 여전히 고기를 굽는 냄새가 진동하고, 꽃가게의 꽃 향기도 어설프게 떠다닌다. 자동차 와이퍼에 술집 웨이터의 명함이 끼워져 있다. 젖꼭지만 겨우 가린 사진 속의 소녀가 날더러 오라한다. 나는 자동차에 올라앉아 운전대에 고개를 묻는다. 노아가 쫓아 내려와서 달래주기를 바라는가.

　미로에 갇혀 비상구마저 잃은 기분이었다. 거리는 차들로 아수라장이었다. 접촉사고를 일으킨 자동차 두 대가 교차로 한가운데를 막고 있었다. 운전자 둘이서 삿대질을 하며 싸우고 있다. 앞뒤에서 신경질적으로 울리는 경적을 들으면서 나도 충동적으로 주먹을 쥐고 운전대를 탕탕 친다.

　"병신 같은 자식, 황색 신호등에선 진행을 하지 말아야지. 운전면허 커닝으로 땄냐."

　나는 차창을 굳게 닫은 채로, 목에 핏대까지 세우고 열을 올리는 사내에게 큰소리로 욕을 한다. 보름달이 휘영청 밝은데도 안개인지 비인지 푸실푸실한 물의 가루가 차창에 내려앉고 있다. 공중전화 부스가 풍경화처럼 단정하게 서 있고 은행나무 가로수가 노란 잎을 떨어뜨리고 있다. 나는 와이퍼로 유리창의 물기를 닦고 라디오의 볼륨을 최대한으로 올리고 전조등을 껐다가 켰다가 하면서 안절부절못한다.

　"바보 같은 자식."

　나는 사내들을 향해 재우쳐 욕설을 퍼붓는다. 노아의 얼굴이 시야를 가득 지배한다. 이대로 거리 한가운데 차를 버리고 당장 노아에게로 쟁처 달려가 나 역시 당신과 달아나고 싶다고, 발악하듯 비나리치고 싶다. 만약에 노아가 나를 잡아 준다면 나는 내가 갖고 있는 최대한의 진심으로 외칠 것 같다.
"당신을 사랑해…… 따라가겠어."
그러나 어디선가 제복을 입은 경찰이 나타나 꼬였던 차들의 행렬을 바로 잡으면서 나도 엉겼던 사념의 타래를 풀고 있었다. 맺혔던 매듭이 풀어지듯이 신호등의 불이 세 번도 바뀌기 전에 차들은 경쾌하게 빠져나간다.
나는 발작적으로 '수'에게 전화를 건다. 수의 전화는 꺼져 있다.
"전화를 받을 수가 없어서 소리샘으로 연결됩니다. 연결된 후에는 통화료가 부과됩니다."
아득하게 달려가던 신호음이 멈추고 음성사서함으로 전환된다. 전화기 속에서 녹음으로 반복되는 기계음만 공허하게 울린다. 나는 전화를 끊고 허공에 대고 외친다.
"사랑해. 죽도록 사랑해."
이건, 노아에게서, 노아의 품에서, 간섭하는 두 가슴의 맥놀이를 들으며 외치고 싶은 절규가 아니었던가. 나는 심장이 찢어지고 가슴이 떨려서 큰소리로 외친다. 처절하게 몸부림치면서, 볼을 타고 내리는 찝찔한 액체를 핥으면서, 버리고 온 노아를 그린다. 소리의 탈출을 막으려고 창문까지 걸어 잠근 좁은 차 안에서 외친다.

그가 어떻게 내게 다가왔던가. 그가 나에게 얼마나 달콤하게 속삭였던가. 그는 얼마나 부드럽게 내 몸을 핥았던가. 내 귀에 얼마나 뜨거운 숨결을 내뿜었던가. 오르가슴의 순간에 그는 어떤 표정을 지으며 자지러졌던가.

노아의 습하고 더운 숨결이 내 목덜미에 폭포로 쏟아지고, 나를 어루만지던 손가락의 감촉이 열선으로 끓어오르고, 갯솜동물처럼 온몸을 핥던 그의 입술과 가물치처럼 솟구치던 그의 달구어진 남성에 대한 기억도 사뭇 새파랗게 피어나고, 맥놀이치는 심장의 고동도 내 가슴에서 신들린 무당처럼 퍼덕대는데도…….

*본 저서는 2006년 발간한 소설 『우리는 사랑했을까』의 개정증보판입니다.

순수소설 24

벚꽃이 진다 해도

김영두 지음

2025. 8. 10 초판
2025. 8. 15 발행

발행처 · 순수문학사
출판주간 · 朴永河
등 록 제2-1572호

서울 중구 퇴계로48길 11 협성BD 202호
TEL (02) 2277-6637~8
FAX (02) 2279-7995
E-mail ; seonsookr@hanmail.net

· 저자와의 합의하에 인지를 생략함
· 잘못된 책은 바꾸어 드립니다

ISBN 979-11-91153-85-9

이 책은 저작권법에 따라 보호받는 저작물이므로
무단전재와 무단복제를 금합니다

가격 20,000원